선물포장 첫걸음

김혜정 지음

예신 Books

PREFACE [머리말]

　포장지의 한 면 한 면을 정성스런 마음으로 접을 때 상대에게 전해지는 기쁨은 배가 됩니다. 손끝에서 만들어지는 창의적인 포장에 사랑과 감사의 마음을 담아 전한다면 받는 사람 또한 당신의 깊은 배려에 감동을 받게 될 것입니다.

　보통 사랑하는 사람을 위해 이벤트를 준비하거나 존경하는 분께 선물을 드리고자 할 때 어떻게 하면 자신만의 특별함이 담긴 포장을 할 수 있을지 고민하게 되는데, 이 세상에서 단 하나뿐인 나만의 선물 포장을 할 수 있다면 주는 사람 받는 사람 모두에게 행복함을 선사하지 않을까 생각해 봅니다.

　선물을 포장할 때 우리는 가끔 고민에 빠지게 됩니다. 규격화되지 않은 다양한 상자로 인해 포장지의 재단에 어려움을 겪을 때가 있기 때문입니다. 상자 규격에 따라 포장지의 크기가 달라지므로 상자 모양을 고려해서 약간의 유동성 있는 재단을 요구하고 있습니다.

　이 책은 선물 포장의 가장 기초적인 부분을 다루고 있으며, 전편인 러빙유 선물 포장과 클래식 선물 포장에서 많이 부족했던 부분들을 좀 더 보완하였습니다. 또한 한 동작 한 동작의 디테일한 과정 사진을 보고 쉽게 따라할 수 있도록 자세하고 구체적으로 구성하였습니다. 특히 선물을 직접 포장하고 싶거나 선물 포장 일에 종사하는 분들께 소중한 자료집이 되었으면 합니다.

　마지막으로 이 책을 출간해 주신 출판사 사장님과 편집부 직원들, 사진을 촬영해 주신 구자익 실장님께 감사드립니다.

　　　　　　　　　　　　　　　　　　　　　　　김혜정(bijou434@naver.com) 씀

CONTENTS [차례]

포장의 기초 • 8

Part one
낮은 상자 포장

캐러멜 액자 포장 • 16
캐러멜 주름 포장 • 21
캐러멜 리본 포장 • 26
캐러멜 이중 포장 • 32
저고리 앞섶 포장 • 36

Part two
높은 상자 포장

높은 사각 부채 장식 포장 • 42
높은 사각 보자기식 포장 • 46
높은 사각 보자기 응용 포장 • 51
회전식 포장 • 56

Part three
원통형 포장

긴 원통 회전식 포장 • 66
긴 원통형 캐러멜식 포장 • 70
긴 원통 이중 포장 • 74
낮은 원통 캐러멜 포장 • 79
낮은 원통 날개 포장 • 84

Part four
다각형 포장

육각형 물레방아 포장 • 90
육각형 바람개비 포장 • 93
육각형 캐러멜 포장 • 97
삼각형 기본 포장 • 102
이등변 삼각형 포장 • 109

Part five
병 포장과 태그

낱개 병 포장 • 116
주름지 병 포장 • 120
빈티지 병 포장 • 123
셔츠 병 포장 • 126

Part six
형태 없는 포장

다이어리 포장 • 134
책 포장 • 137
쇼핑백 포장 • 140

Part seven
포장에 필요한 재료와 도구

포장의 완성도를 높이는 타이 묶는 법과 리본 만들기 • 148
포장할 때 쓰이는 부자재 및 도구들 • 150
포장지의 종류 • 152
포장 기법의 종류 • 154
선물의 가치 높이기 • 156
재미로 보는 선물의 의미 • 157

포장의 기초

선물 포장에서 가장 기본적이고 보편화되어 있는 포장 방법은 캐러멜 포장과 십자 더블 크로스 타이, 더블 보이다.

가장 기본적인 포장법으로 포장의 기초를 배워보자.

상자의 크기에 따라 리본의 길이가 달라지므로 유의해서 포장해 보자. 이 책에 제시된 리본의 폭과 길이는 여기에서 쓰여진 상자의 크기에 한한 것이다.

캐러멜 포장
Caramel wrapping

01 포장지 위에 상자를 올려놓는다.

02 상자 끝에 포장지를 갖다 댄다.

03 옆 모서리를 기준으로 시접 2cm를 표시한다.

04 표시했던 곳을 칼날을 길게 뽑아 재단한다.

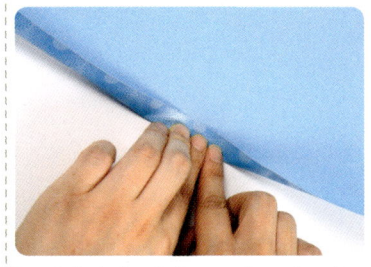

05 재단한 후 시접 1cm를 잡아준다.

06 포장지를 접어준다.

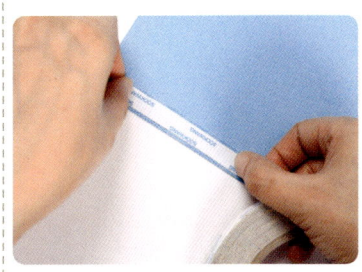

07 접은 시접 위에 양면테이프를 붙인다.

08 포장지 시접 접은 부분이 상자 중앙에 오도록 한다.

09 반대쪽 포장지를 감싼 후 정확히 중앙에 오도록 선을 맞춘다.

10 포장지와 상자를 밀착시켜 공기가 들어가지 않도록 한 후 양면테이프를 조금씩 떼낸다.

11 떼낸 후 손으로 밀면서 붙여준다.

12 양쪽 모서리의 끝부분에 각이 잡히도록 손가락을 이용해 눌러준다.

13 상자 아래의 높이 부분을 안쪽으로 밀어 넣어 접어준다.

⑭ 아래를 위로 접어 준다.

⑮ 위를 아래로 접어준다.

⑯ 〉-〈 가 되도록 표시한다.

⑰ 선을 위로 한 번 접어준다.

⑱ 접어준 부분을 다시 안으로 접어 준다.

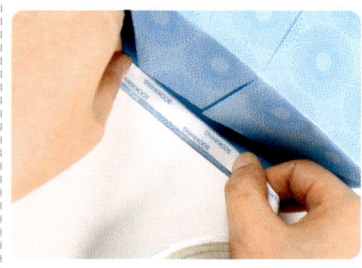
⑲ 접은 부분에 양면테이프를 붙여 고정한다.

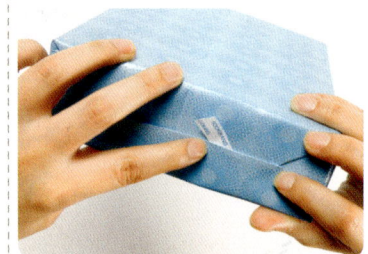
⑳ 테이프를 떼어주면서 손으로 눌러준다.

㉑ 반대쪽도 똑같은 방법으로 접어 캐러멜 포장을 완성한다.

- 커터 칼을 길게 뽑아 포장지를 자르면 깔끔하게 잘린다.
- 접을 때 가운데 부분을 먼저 눌러주고 양옆을 쓸어가며 접으면 밀리지 않고 정확한 선으로 접힌다.
- 포장지를 접을 때 상자의 모서리를 밀착시켜 훑어주면서 접어준다.

더블 크로스 타이
Double cross tie

01 10~15cm의 리본 길이를 남긴다.

02 오른쪽은 엄지손가락으로 고정시킨다.

03 왼손으로 긴 리본을 한 바퀴 돌려준다.

04 짧은 리본과 교차시킨다.

05 짧은 리본과 교차시켜 짧은 쪽을 엄지손가락으로 다시 고정시킨다.

06 왼손으로 긴 리본을 한 바퀴 돌려준다.

07 긴 쪽을 돌려 앞으로 오게 한다.

08 고정시켰던 짧은 쪽과 만난다.

09 앞에서 교차시켰던 그 밑으로 긴 쪽을 넣어준다.

10 다시 빼내어 준다.

11 짧은 쪽을 한 번 감아준다.

12 감아준 후 양쪽 리본을 잡아당겨 준다.

- 교차한 곳 밑으로 짧은 쪽을 한 번 감아주면 리본이 움직이지 않아 리본 보를 묶을 때 편리하다.

더블 보
Double bow

01 짧은 쪽을 엄지손가락 크기만큼 고리를 만들어 잡는다.

02 긴 쪽을 고리를 만들어 놓은 짧은 쪽으로 감아준다.

03 감으면 잡고 있던 고리 밑으로 리본 고리를 빼준다.

04 엄지손가락을 양 고리에 넣고 두 가닥을 잡으며 동시에 잡아당겨 꽉 묶어준다.

05 긴 쪽을 적당한 길이로 자른다.

06 리본을 예쁘게 만져준다.

- 리본 보를 접을 때 양쪽 고리를 04와 같이 손가락을 넣어 보의 볼륨을 살리면서 당겨준다.

낮은 상자 포장

PART one

어떤 선물이든 쉽게 포장할 수 있는 상자 포장은 깔끔하고 편리하여 가장 많이 사용되고 있다.
여러 가지 다양한 선물을 상자에 담아 자칫 지루하고 단순할 수 있는 단점을 센스를 발휘하여 멋지게 만들어 보자.

캐러멜 액자 포장

캐러멜 포장의 밋밋함을 색이 다른 포장지를 덧대어 한층 세련된 멋을 살려 본다.

How to make

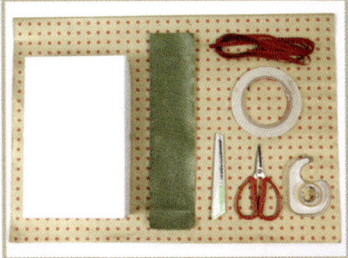

재료 포장지, 구김지, 리본, 양면테이프, 칼, 가위, 투명테이프

01 포장지 위에 상자를 올려놓는다.

02 포장지를 상자둘레＋윗면＋시접(2cm), 상자길이＋상자 양쪽 높이의 1/2＋1cm 크기로 재단한다.

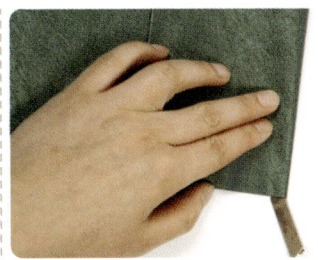

03 폭을 7cm 정도(상자길이＋양쪽 높이 만큼)의 다른 색 포장지를 잘라준다.

04 상자 윗면에 재단한 다른 색 포장지를 갖다댄다.

05 윗면의 2/3 지점에 붙여준다.

06 상자 윗면을 덮어줄 포장지의 상자 높이 부분을 양쪽 모두 잘라준다.

07 재단한 포장지 위에 상자를 놓고 한쪽을 덮어준다.

08 접은 부분을 엄지와 검지를 이용해서 각을 잡아준다.

09 투명테이프로 포장지가 움직이지 않도록 고정한다.

10 남은 쪽을 09 위로 감싼다.

11 이때 상자 높이 부분의 한쪽을 먼저 접는다.

⑫ 다른 한쪽 높이 부분도 안으로 접어준다.

⑬ 윗부분을 아래로 덮어준다.

⑭ 아랫부분도 시접(1cm)을 접은 후 양면테이프로 붙여준다.

⑮ 캐러멜 포장이 완성된 모습이다.

⑯ 윗면은 아래 끝부분을 살짝 말아 상자 끝에 오게 한다.

⑰ 양면테이프를 끝부분에 살짝 붙여준다.

⑱ 상자 끝부분에 붙여 고정시킨다.

- 02에서, 재단한 포장지를 상자에 감싸 각 면을 한 번씩 훑어 선을 만들어 준다.
- 06에서, 포장지를 잘라주어야 높이 부분을 접을 때 투박하지 않다.
- 08에서, 상자의 모서리와 면을 한 번씩 훑어 각을 만들어 주면 더 깔끔하게 상자 포장을 할 수 있다.
- 13에서, 반대편 상자 높이도 같은 방법으로 한다.

더블 크로스 타이
Double cross tie

리본 종류 : 주름 리본, **폭** : 0.5cm, **길이** : 60cm

01 리본 시작 부분을 10cm 정도 남긴 후 오른쪽 엄지로 고정시킨다.

02 한 바퀴 돌린 리본의 긴 쪽을 남겨놓은 쪽과 교차시킨다.

03 교차시킨 긴 쪽을 뒤로 돌려준다.

04 긴 쪽을 다시 한번 교차시켜 준다.

05 긴 쪽을 다시 한번 가로로 반복하여 돌려준다.

06 세로로 다시 한번 돌려준다.

07 긴 쪽을 짧은 쪽과 함께 묶는다. (이때 짧은 쪽으로 교차시켰던 십자 모양 밑으로 한 번 통과시켜 준다.)

더블 보
Double bow

상자 하단에 보를 만들어 포인트를 준다.

리본 종류 : 주름 리본, **폭** : 0.5cm, **길이** : 10cm

01 리본을 양쪽 손으로 잡는다.

02 아래쪽 리본을 손가락 둘레만큼 고리를 만든다.

03 고리를 만들어 위쪽 리본을 고리에 끼워 빼면서 두 고리를 당겨준다.

04 완성된 모습이다.

- 주름 리본을 상자 아래 코너에 묶으면 상자에 포인트를 줄 수 있어 포장을 더욱 돋보이게 한다.

캐러멜 주름 포장

기존 캐러멜 포장에 주름을 잡아 리듬감을 주었다.
셔츠나 티를 선물할 때 주름 포장을 활용해 보자.

How to make

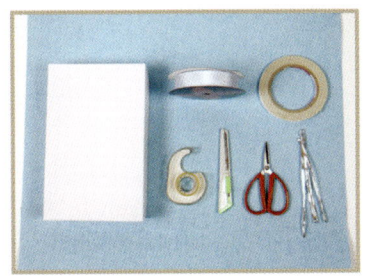

재료 포장지, 상자, 리본, 양면테이프, 투명테이프, 칼, 가위, 철사

01 포장지 위에 상자를 올려놓는다.

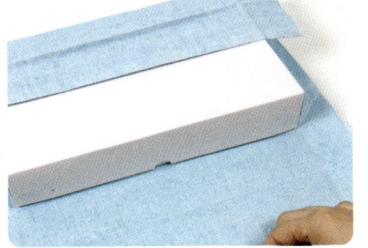

02 포장지를 상자둘레+주름분(상자 윗면 넓이)+시접(2cm), 상자길이+상자 양쪽 높이 1/2로 재단한다.

03 재단된 포장지를 상자 윗면 넓이만큼 남겨둔 여유분으로 주름을 잡는다.

04 일정한 간격으로 주름을 잡은 후 뒷면에 투명테이프로 고정시킨다.

05 주름을 접은 후 상자의 윗면 2/3 지점에 오도록 한다.

06 주름 접은 위쪽에 양면테이프를 붙인다.

07 주름 반대쪽을 움직이지 않도록 잘 붙여준다.

08 주름 중간중간을 약간 들어올려 정리해준다.

09 상자 높이 부분을 아래로 접는다.

10 깔끔하게 접히도록 만져준다.

11 상자 높이 양옆을 각이 지도록 꾹 눌러 접는다.

12 시접(1cm)을 접어준다.

13 시접 접은 부분에 양면테이프를 붙인다.

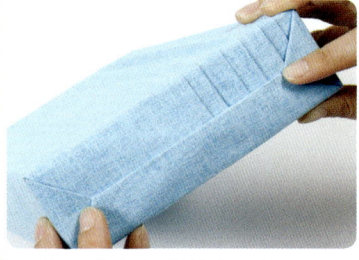

14 위로 접어 올려 붙여준다.

일자 타이
Straight tie

01 리본을 엄지손가락으로 고정시키고 긴 쪽을 돌려준다.

02 돌려준 리본 끝자락을 처음 시작했던 부분에 양면테이프로 고정시킨다.

리본 종류 : 골직 리본, **폭** : 3cm, **길이** : 30cm

주름 리본 (레이스 보)
Lace bow

포장지와 같은 색상의 리본을 선택해서 시원하고 깔끔한 느낌이 들도록 산뜻하게 포장해 보자.

리본 종류 : 골직 리본, **폭** : 3cm, **길이** : 60cm

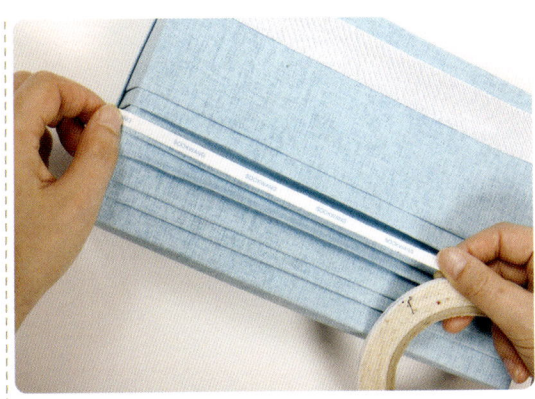

01 접은 주름 안쪽으로 양면테이프를 붙인다.

02 다음 칸에 양면테이프를 한 줄 더 붙인다.

03 일정 간격으로 리본에 주름을 접으면서 뒷면의 양면테이프에 고정시킨다.

04 주름을 접은 후 상자의 윗면 2/3 지점에 오도록 한다.

05 리본 끝에 양면테이프를 붙여 고정시킨다.

- 주름을 접을 때 일정한 간격으로 접는데 너무 자로 잰 듯하게 잡는 것보다는 자연스럽게 잡아주는 것이 좋다.

8자 보 (엘레강스)
Elegance bow

8자 모양으로 생겨서 8자 보라고 한다. 앞·뒤 상관 없이 8자 모양이 되도록 접는다.

리본 종류 : 골직 리본, **폭 :** 3cm, **길이 :** 60cm

01 리본을 도넛 모양으로 둥그렇게 잡는다.

02 8자 모양이 되도록 긴 쪽을 돌려 준다.

03 다시 긴 쪽을 8자 모양이 되도록 돌려준다.

04 반대편도 반복하여 8자 모양이 되도록 긴 쪽을 돌려준다.

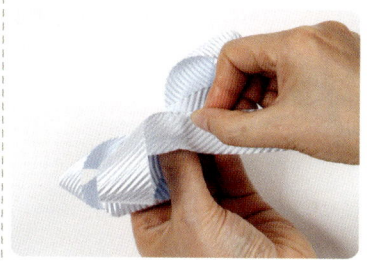

05 보 모양이 양쪽 모두 6~8개 정도 되도록 만든다.

06 철사로 중간을 꽉 조여 묶는다.

07 리본을 풍성하게 잘 만져준다.

08 잘 만져준 후 철사가 보이지 않도록 가운데 하트 장식을 붙여준다.

09 일자 타이 위에 양면테이프를 붙여 고정시켜 준다.

10 완성된 모습이다.

- 8자 리본을 접을 때 8자를 일정한 간격이나 너무 정직하게 접으면 볼륨감이나 생동감이 없어 보이므로 약간 흐트러지듯이 접어준다.

캐러멜 리본 포장

캐러멜 포장에 스트라이프 포장지를 절반 정도 덧붙여 경쾌함을 준다. 상자 윗부분에 큼지막하게 리본을 접어 또 하나의 선물을 연출해 보자.

How to make

재료 포장지, 상자, 리본, 양면테이프, 가위, 칼

01 포장지 위에 상자를 올려놓는다.

02 포장지를 상자둘레+시접(2cm), 상자길이+상자 양쪽 높이의 1/2+1cm로 재단한다.

03 둘레 시접 1cm를 접는다.

04 접은 시접 부분에 양면테이프를 붙인다.

05 상자와 포장지를 각이 잘 맞도록 밀착시킨다.

06 공간이 뜨지 않도록 붙여준다.

07 각이 잘 나오도록 한번 훑어준다.

08 상자 높이 부분을 접어준다.

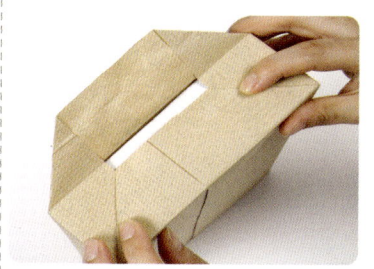

09 아랫부분을 위로 올려 접는다.

10 돌려서 윗부분을 접은 후 시접 1cm를 접는다.

11 시접에 양면테이프를 붙인 후 접은 사이로 조금씩 떼어주며 붙인다.

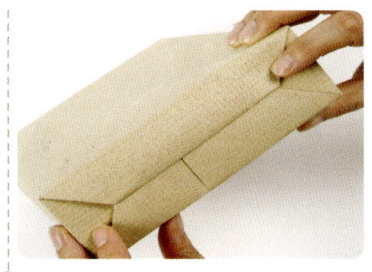
12 ⟩-⟨ 모양이 나오도록 깔끔하게 정리해 준다.

13 완성된 캐러멜 포장

14 스트라이프 포장지를 상자둘레+시접(2cm), 폭 15cm로 접는다.

15 접은 후 재단해 준다.

16 재단된 포장지

17 둘레 시접(1cm)을 접는다.

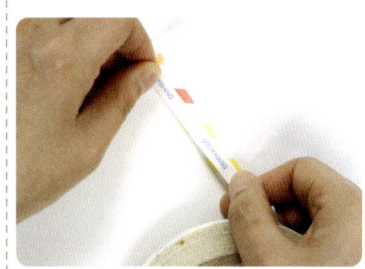
18 시접에 양면테이프를 붙인다.

19 상자 뒷면 하단 이음 부분에 스트라이프 포장지를 고정시킨다.

20 상자 둘레를 돌려준다.

21 시작 부분에 고정시킨다.

22 깔끔하게 마무리해 준다.

알아두세요

- 상자를 포장할 때 먼저 포장지로 상자에 밀착시켜 상자와 포장지 사이에 공간이 뜨지 않도록 한다.
- 바코드 부분이 나오도록 포장을 해 좀더 사실적으로 보여지게 한다.

일자 타이
Straight tie

스트라이프 포장지에 보라색의 스티치 리본을 둘러 포장지의 선을 강조해 준다.

리본 종류 : 스티치 리본, **폭** : 1.5cm, **길이** : 50cm
리본 종류 : 스티치 리본, **폭** : 3cm, **길이** : 50cm

01 리본 끝부분에 양면테이프를 붙인다.

02 리본 끝부분을 이음 부분에 고정시킨다.

03 상자 둘레에 돌려준다.

04 처음 시작 부분에 고정시킨다.

05 위쪽도 같은 방법으로 돌려준다.

06 처음 시작 부분에 고정시킨다.

07 완성된 모습이다.

코사지 보
Corsage bow

상자의 빈 공간을 큼직한 리본으로 보를 만들어 장식해 보자. 리본이 아니면 카드나 그림을 그려도 좋다.

리본 종류 : 공단 영자 리본, **폭** : 5cm, **길이** : 70cm

01 리본을 10cm 정도의 길이로 잡는다.

02 잡은 리본의 긴 쪽을 이용하여 반복적으로 돌려준다.

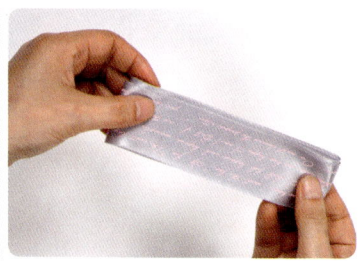

03 다섯 번 정도 반복하여 돌려주고 긴 쪽을 자른다.

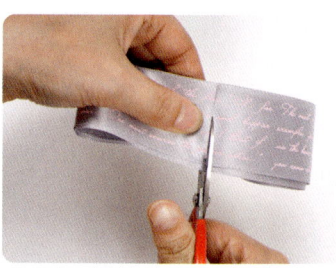

04 리본 중앙 부분의 양쪽을 가위로 자른다. 가운데 1cm 정도 남겨둔다.

05 자른 부분에 철사를 끼운다.

06 철사를 돌려 단단히 묶는다.

07 위에 있는 고리 중 안에서부터 빼내어 살짝 비틀어 준다.

  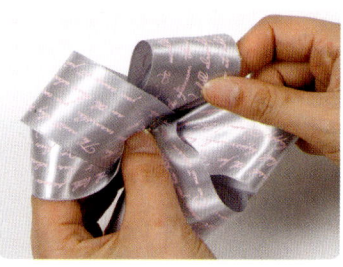

08 아랫부분도 안쪽에 있는 것부터 빼내어 비틀어 준다.

09 같은 동작을 위 아래 반복해 준다.

10 다 빼준 후 모양을 손질한다.

11 고리 하나를 선택하여 안으로 빼준 후 중앙 부분을 감싼다.

12 상자 위에 붙여 고정한다.

리본이 풍성해 보이는 코사지 보

캐러멜 이중 포장

기존 캐러멜 포장에 포장지의 리듬을 살려 왁스지로 이중 포장을 하여 은은하게 비쳐지는 변화를 주었다. 또한 왁스지로 작은 리본을 접어 함께 연출해 보자.

How to make

재료 포장지, 상자, 양면테이프, 투명테이프, 칼, 가위, 가죽끈

01 포장지 위에 상자를 올려놓는다.

02 포장지를 상자둘레+시접(2cm), 상자길이+상자 양쪽 높이의 1/2+1cm 크기로 재단한다.

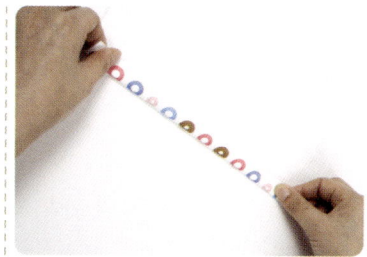

03 상자둘레 시접 1cm를 접어준다. 접은 후 양면테이프를 붙여준다.

04 상자 1/2 지점에서 포장지를 고정시킨다.

05 상자 양쪽 높이를 안으로 접는다.

06 아래를 먼저 접고 윗부분에 시접 1cm를 접어 양면테이프를 붙여 고정시킨다.

07 06을 왁스지 위에 놓고 상자둘레+시접(2cm), 상자길이+상자 양쪽 높이+시접(1cm)으로 재단한다.

08 이음 부분을 상자 끝 모서리에서 시작한다. (투명테이프를 시작 부분에 붙여 고정시킨다.)

09 시접에 양면테이프를 붙여 고정시킨다.

10 옆 모서리 선에 잘 맞춰 붙인다.

11 양쪽 높이 부분을 안쪽으로 접어준다.

12 아랫부분 시접을 위로 밀어올려 접는다.

13 시접 0.5cm를 접어 양면테이프를 붙인 후 고정시킨다.

• 재단할 때 포장지를 상자 끝면까지 오게 해서 시접분을 남겨놓은 여유분에 표시하는 게 편리하다.
• 왁스지가 미끈미끈하기 때문에 포장할 때 투명테이프를 상자에 고정시켜 가며 포장하면 움직이지 않아 쉽게 포장할 수 있다.

11자 타이
Eleven tie

리본 종류 : 가죽끈, **폭** : 0.3cm, **길이** : 100cm

01 가죽끈 중간중간에 리본을 접어 묶어준다.

02 가죽끈을 상자 위로 돌려준다.

03 두 번 돌려준 가죽끈을 상자 모서리에 오게 한다.

04 고리를 만들어 돌려 빼 준다.

주름 리본
Lace bow

쉽고 간편하게 포장지를 이용하여 리본을 만들어 색다르게 연출해 보자.

리본 종류 : 왁스지, **폭** : 5cm, **길이** : 7cm

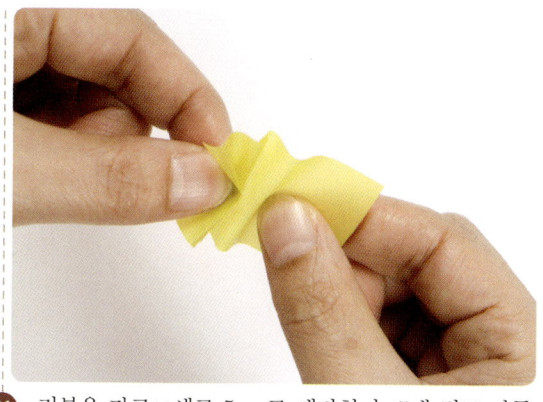

01 리본을 가로×세로 5cm로 재단한다. 5개 정도 만들어 중심 부분을 기준으로 잡아준다.

02 주름을 촘촘하게 잡은 후 철사로 묶어준다.

03 준비한 가죽끈으로 리본 가운데를 묶는다.

04 리본을 묶어준 모습이다.

- 가죽끈을 상자에 묶을 때 모서리 부분에서 묶어주면 풀리지 않아 편리하다.
- 가죽끈을 묶을 때 일반적으로 편리한 방법을 사용해서 묶어주면 된다.
- 왁스지 : 물에 잘 젖지 않는 포장지를 말한다.

저고리 앞섶 포장

한복의 저고리 앞섶 여민 듯한 모양으로 포장지를 접어 고고함과 정숙한 여인의 향기를 느낄 수 있도록 하였다.
어른들께 드리는 선물 포장법으로 사용한다면 더욱 뜻깊은 포장이 될 것이다.

How to make

재료 포장지, 상자, 리본, 양면테이프, 투명테이프, 칼, 가위

01 포장지 위에 상자를 올려놓는다.

02 상자 밑쪽은 상자 높이의 1/2+1cm(시접)+상자길이를 남기고, 한쪽은 포장지를 들어올려 윗면의 2/3까지 오게 재단한다.

03 상자의 둘레는 상자둘레+윗면 넓이+시접(2cm)으로 재단한다. 사진처럼 포장지를 들어올려 위로 2/3쯤 덮는다.

04 접힌 포장지를 상자 높이 부분을 안쪽으로 밀어 상자 높이 부분과 사선이 되도록 접는다.

05 접힌 윗부분 날개를 상자 윗면에 덮는다.

06 반대쪽도 상자 높이 부분을 안쪽으로 밀어 넣어준 뒤 상자 윗면으로 올려준다.

07 바깥쪽에 있던 양쪽 날개 부분을 한쪽씩 상자 위로 올려 접는다. 시접분(1cm)을 접어 양면테이프로 고정한다.

08 양쪽 상자 높이를 안쪽으로 접어준다.

09 아랫부분을 접어 각을 잡아준다.

10 윗부분은 시접 0.5cm를 접어 양면테이프를 붙인다.

11 양면테이프를 떼내면서 붙여 고정시킨다.

일자 타이
Straight tie

포장지 색상보다 조금 진한 보라색으로 포인트를 준다.

리본 종류 : 스티치 리본, **폭** : 5cm, **길이** : 상자둘레+2cm

01 스티치 리본을 준비한다.

02 양면테이프를 리본 끝에 붙여 상자 뒤쪽에 고정시킨다.

03 한 바퀴 돌려 처음 시작 부분에 붙인다.

04 완성된 모습이다.

- 저고리 앞섶 모양으로 포장했기 때문에 굳이 리본을 만들지 않아도 된다. 끈으로 옷고름을 만들어 붙여주면 또다른 느낌의 선물 포장이 된다.

엘레강스 보
Elegance bow

리본 종류 : 스티치 리본, **폭** : 3cm, **길이** : 40cm

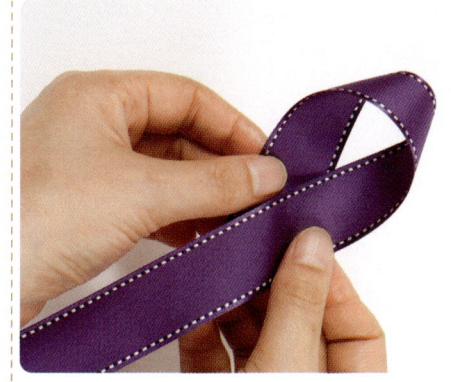

01 스티치 리본으로 고리를 만들어 준다.

02 긴 쪽으로 다시 고리를 만들어 준다. 8자 모양처럼 잡아준다.

03 반복하여 긴 쪽을 위 아래로 움직여 고리가 2개씩 나오도록 한다.

04 리본 모양을 위 아래 2개씩 만든 후 중심에 엄지손가락 크기 정도 고리를 만들어 고정시킨다.

05 상자의 일자 타이 위에 달아준다.

- 04의 리본을 고정시킬 때는 핀이나 스테이플러를 이용한다.

높은 상자 포장

PART two

내용물의 높이가 높거나 꿀항아리 같은 무게감이 있는 선물 포장에 많이 쓰인다. 가장 기본적인 포장이지만 포장지나 리본에 따라 그 느낌이 사뭇 달라진다.

높은 사각 부채 장식 포장

부채 모양으로 접어 한결 센스 있는 포장을 해 보자.
대칭적인 부채 모양도 좋지만 한쪽이 더 기울어져 보이도록
비대칭 모양으로 해 보면 어떨까?

How to make

재료 상자, 포장지, 리본, 핑킹가위, 가위, 칼, 양면테이프, 투명테이프

01 포장지 위에 상자를 올려 놓는다.

02 포장지를 상자둘레+시접(2cm), 상자높이+밑면의 1/2, 상자 윗면에서부터 20cm로 재단한다.

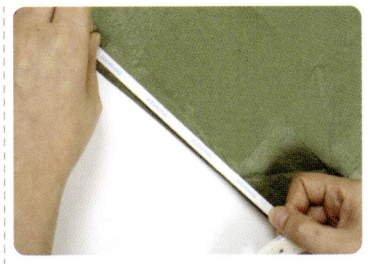

03 상자를 포장하기 전 둘레 시접 1cm를 접어 양면테이프를 미리 붙인다.

04 상자 밑면의 1/2를 남기고 상자 둘레를 감싸 붙인다.

05 미리 붙여 놓았던 양면테이프를 떼고 고정시켜 붙인다.

06 상자 밑면의 포장지를 반으로 접는다.

07 옆으로 돌려가며 모서리 시접분을 안으로 접는다.

08 맨 마지막 부분을 처음 접은 부분 밑으로 집어 넣는다.

09 안으로 잘 접어 넣고 깔끔하게 손질한다.

10 상자 윗면 여유분을 잘 맞춰 반으로 접는다.

11 양옆 모두 삼각형 날개 모양이 나오도록 접는다.

⑫ 긴 여유분을 반으로 접는다. 또 반으로 접어 펴준다.

⑬ 접혀진 선을 중심으로 일정한 간격으로 접는다.

⑭ 다 접은 맨 윗부분을 안쪽으로 접어 붙여준다.

- 상자를 세워 포장지의 양쪽 모서리 부분이 삼각형 모양이 되도록 각을 잡아준다.

⑮ 가운데를 중심으로 양옆 윗부분을 붙여 부채 모양을 만든다.

트라이앵글 타이
Triangle tie

리본 종류 : 스티치 리본, **폭** : 2.5cm, **길이** : 110cm

① 리본 긴 쪽을 가운데 부채 모양 사이로 통과시킨다.

02 상자를 한 바퀴 돌린 후 긴 쪽을 다시 한번 통과시킨다.

03 두 번 통과시켜 준다.

04 두 번 통과시킨 후 리본을 묶어 준다.

더블 보
Double bow

리본 종류 : 스티치 리본, **폭** : 1.5cm, **길이** : 75cm

01 스티치 리본을 한 번 묶는다.

02 짧은 쪽으로 고리를 만들어 긴 쪽을 한 번 감아 빼 주어 보를 만든다.

높은 사각 보자기식 포장

이 포장법은 무거운 꿀 항아리 같은 움직이기 힘들거나 무거운 물건을 포장할 때 많이 쓰인다.

How to make

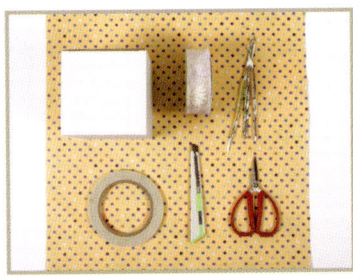

재료 포장지, 상자, 리본, 양면테이프, 철사, 칼, 가위

01 포장지 위에 상자를 대각선으로 올려 놓는다.

02 포장지 모서리 부분을 들어올려 끝부분이 상자 면 가운데 오도록 한다. 상자 밑면 1/2을 중심으로 한다.

03 포장지를 정삼각형으로 접어 펼쳤을 때 정사각형이 되도록 한다.

04 재단을 한다.(포장지를 정사각형이 되도록 재단을 하면 각이 정확히 맞아 포장하기 편리하다.)

05 재단한 포장지 위에 상자를 가운데 놓고 한쪽 모서리를 올려 가운데 위치하게 접는다.

06 마주보는 쪽 포장지를 들어올려 접는다.(한쪽을 먼저 접어 테이프로 고정시켜 주면 포장하기 편리하다.)

07 상자 옆면 모서리를 손가락 힘으로 눌러 각을 세워준다.(상자의 각을 세우면 포장을 했을 때 깔끔하다.)

08 양쪽을 눌러 시접을 안으로 들여보낸 다음 옆면을 잘 맞추어 접어 올려 붙인다.

09 윗면 가운데 중심에 포장지 모서리 끝부분 네 면 모두 모이도록 한다.

10 잘 여민 후 양면테이프로 붙인다.

11 포장지가 뜨지 않도록 양면테이프로 잘 붙여준다.

십자 크로스 타이
Cross tie

리본 종류 : 와이어 투명 리본, **폭 :** 3cm, **길이 :** 100cm

01 리본 끈을 10cm 정도 남겨 엄지손가락으로 고정시킨 후 긴 쪽으로 상자를 한번 감아준다.

02 리본 끈을 서로 교차시킨다.

03 다시 긴 쪽을 상자 밑면을 통과해 감아준다.

04 고정되어 있던 짧은 쪽을 교차시켰던 리본 밑으로 한 번 감아준다.

• 짧은 쪽으로 교차된 부분 밑으로 감아 돌려주면 리본이 풀리지 않아 리본 접기가 편리하다.

05 감아준 후 리본 끈을 묶는다.

폰폰 보
Pon-pon bow

폰폰 보를 접을 때는 와이어가 들어가 있는 리본을 선택해야 하는데 그것은 접었을 때 보가 풍성하게 보이기 때문이다.

리본 종류 : 와이어 투명 리본, **폭 :** 3cm, **길이 :** 70cm

01 리본 길이 10cm로 잡는다.

02 계속 10번 정도 감는다.

03 긴 쪽을 자르고 간격을 잘 정리해 준다.

04 반으로 접어 자국을 낸다.

05 리본의 자국 낸 부분을 가위로 잘라준다.

06 다른 한쪽도 잘라준다. 가운데 1cm를 남겨 둔다.

07 남겨진 부분에 와이어를 묶어준다. (꽉 묶어 줄수록 리본이 예쁘게 살아난다.)

08 리본을 위에 있는 안쪽의 고리부터 밖으로 빼주며 비틀어 준다.

09 아래에 있는 고리는 안에서부터 빼지만 위와 반대 방향으로 빼낸다.

10 아랫부분을 빼서 위로 올려준다.

11 위 아래 번갈아 가면서 빼준다.

12 어느 정도 빼주면서 위 아래 구분 없이 서로 교차시켜 준다.

13 볼륨이 풍성하게 되도록 잘 잡아당겨 주름을 많이 잡아준다.

14 리본을 상자 위에 얹어 핀이나 테이프로 고정시킨다.

- 리본을 안쪽 고리부터 빼낼 때는 180°로 완전히 비틀어 빼주면서 위쪽으로 오게 한다.
- 09에서, 위에 한 번, 아래에 한 번씩 번갈아가며 빼준다.

높은 사각 보자기 응용 포장

움직이기 힘든 내용물을 포장할 때 많이 쓰이며, 간단하면서도 깔끔한 포장법이다.

How to make

재료 포장지, 상자, 리본, 양면테이프, 가위, 칼, 철사

01 포장지 위에 상자를 올려 놓는다.

02 포장지 모서리 부분을 들어올려 상자 윗면 가운데 오도록 한다.

03 상자 밑면 1/2지점부터 접어 재단한다.(정사각형이 되도록 한다.)

04 재단된 포장지 위에 상자를 놓고 포장지 모서리가 상자 중앙에 위치하도록 한다.

05 상자 옆면을 엄지와 검지를 이용해 한번 눌러 주면서 포장지의 각을 잡아준다.

06 면의 각이 맞도록 접어 붙인다.

07 한 면씩 회전하며 접어준다.

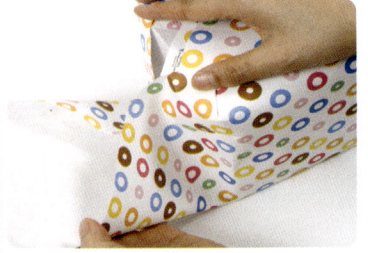

08 마지막 남은 한 면을 양쪽 모서리 안쪽으로 접어 주며 각을 맞춘다.

09 네 면의 모서리가 상자 윗면 중앙에 모이도록 포장지를 안쪽으로 접어 준다.

10 모서리가 중심에 모이도록 한 후 양면테이프를 붙여 고정시킨다.(대각선 모양이 되도록 선을 맞춘다.)

- 09 상자 중앙에 4개의 모서리가 모여지게 한다.
- 10의 각 4면의 모서리가 맞은편 대각선과 일직선이 되도록 포장지 시접을 안쪽으로 접어 넣는다.

십자 크로스 타이
Cross tie

높은 상자 포장에는 십자 크로스 타이가 가장 무난하고 안정적이다.

리본 종류 : 스티치 리본, **폭** : 2.5cm, **길이** : 1m

01 리본 끈을 7~10cm 정도 남기고 엄지손가락으로 고정시킨 후 긴 쪽을 돌려준다.

02 양쪽 끈을 한 번 교차시켜 준다.

03 긴 쪽을 다시 한 번 감아준다.

04 짧은 쪽으로 교차된 부분을 한 번 감아준다.

- 교차된 부분을 한 번 더 감아주면 리본이 풀리지 않고 고정된다.

05 양쪽 리본을 묶어준다.

06 리본을 한 번 더 묶어준다.

레이디에이팅 보
Radiating bow

리본 종류 : 오간디 리본, **폭** : 2.5cm, **길이** : 1m

01 리본 길이 10cm를 잡는다.

02 다시 바깥쪽으로 잡는다.

03 같은 길이로 리본을 감아준다.

04 열 번 정도 반복해서 감아준 후 마무리한다.

05 04의 리본을 반으로 접는다.

06 반으로 접은 부분을 가운데 0.5cm 정도 남기고 잘라준다.

07 반대편도 잘라준다.

08 자른 다음 철사로 가운데를 꽉 묶어준다.

09 보의 고리 부분을 사선으로 잘라준다.

10 반대쪽도 사선으로 자른다.

11 잘 만져준 후 상자 위에 핀으로 고정시킨다.

- 폰폰 보와 비슷한 방법의 하나이다. 레이디에이팅 보는 리본 고리 끝부분을 사선으로 잘라준다.

리본이 화려해 보이는 레이디에이팅 보

회전식 포장

이음 부분이 하나로 끝나는 포장법으로, 돌려가며 포장을 하기 때문에 내용물이 깨지거나 흔들려 흐트러지는 물건은 이 포장을 피하는 것이 좋다.

How to make

재료 포장지, 상자, 리본, 가위, 칼, 양면 테이프

01 포장지를 사선으로 놓고 상자를 올려 놓는다.

02 포장지 모서리를 들어올려 상자 면 가운데 오게 한다.

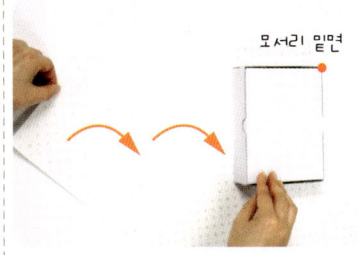

03 그대로 상자를 두 바퀴 굴린다.

04 포장지를 들어올려 모서리 밑면을 기준으로 재단한다.

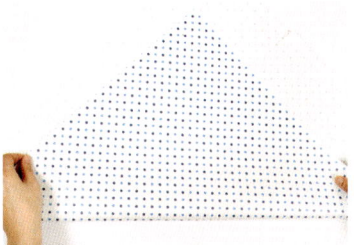

05 정사각형이 되도록 모서리에 맞추어 재단한다.

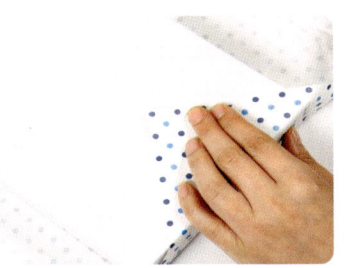

06 재단한 포장지 모서리에 상자를 두고 위와 같이 시작한다.

07 옆 모서리 부분 시접을 안으로 집어 넣어주며 포장을 한다.

08 옆 모서리가 일직선이 되도록 선을 맞춰 준다.

09 상자 밑면 모서리 부분을 엄지와 검지를 이용해 눌러주며 포장한다.

10 오른쪽 방향으로 회전하며 같은 방법으로 포장한다.

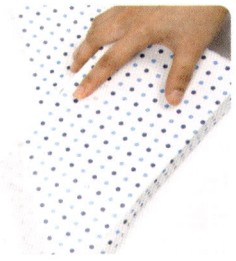

11 상자를 10과 같이 포장한 후 그대로 뒤집는다.

  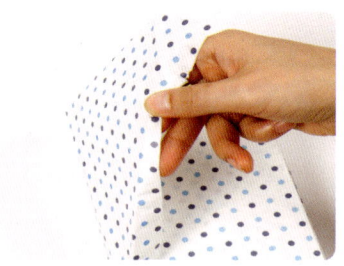

⑫ 뒤집은 후 상자 면을 일직선이 되도록 포장지를 잘 만져준다.

⑬ 엄지와 검지를 이용해서 잘 만져준 후 포장한다.

⑭ 사선이 되도록 선을 맞춰 준다.

⑮ 포장지 끝부분에 양면테이프를 붙여준다.

⑯ 포장지를 깔끔하게 붙여준다.

- 회전식 재단 방법이 어려우면 쉽게 할 수 있는 방법이 있다. 상자 길이×2로 해서 정사각형이 되도록 한다.
- 정사각형 포장지를 마름모꼴로 놓고 포장지를 상자 면 가운데 끝에 위치하게 하고 상자를 두 번 굴려준 후 멈춘 그 위치에서 처음 포장을 시작하면 편리하다.
- 접히는 부분이 상자 높이 모서리에 정확히 일직선이 되도록 한다.
- 상자를 포장할 경우 모서리의 면을 손가락을 이용해서 눌러주면 포장하기 편리하다.

다이아몬드 타이
Diamond tie

무겁고 단단한 포장을 할 때 많이 쓰인다.

리본 종류 : 주름 리본, **폭** : 0.5cm, **길이** : 1m

01 리본을 10cm 정도 남기고 오른쪽 엄지로 누르면서 긴 쪽을 상자 뒤로 돌려준다.

02 뒤로 돌려준 리본을 다시 상자 앞쪽으로 옮긴다.

03 앞쪽으로 옮겨온 리본을 다시 뒤쪽으로 옮긴다.

04 뒤쪽으로 옮겨온 리본을 남겨놓은 리본 쪽으로 옮긴다.

05 옮겨온 리본과 남겨놓은 리본을 함께 교차시켜 준다.

06 교차시킨 긴 쪽을 다시 상자 뒤로 보낸다.

07 다시 앞쪽으로 보낸다.

08 다시 뒤로 보낸다.(서로 교차할 때 사진의 표시된 부분처럼 ×자가 되도록 한다.)

09 상자 뒷면도 앞면과 같은 다이아몬드 모양이 되도록 한다.

10 뒤로 돌려 리본이 앞으로 오도록 한다.

11 긴 쪽을 ×자로 교차되어 있는 밑으로 한 번 통과시켜 준다.

12 통과시킨 후 리본을 묶어준다.

나비 보
Butterfly bow

리본 종류 : 주름 리본, **폭** : 0.5cm, **길이** : 15cm

01 리본을 엄지손가락에 끼우고 다른 쪽 손에 있는 리본을 엄지에 끼운 리본 위로 돌려 빼준다.

02 리본을 양손으로 당겨준다.

03 리본이 풍성하게 보이도록 잘 만져준다.

04 완성된 모습이다.

트라이앵글 타이
Triangle tie

긴 상자나 두께가 얇은 상자에 많이 쓰이는 타이이다.

리본 종류 : 주름 리본, **폭 :** 0.5cm, **길이 :** 1m

01 리본을 10cm 정도 남겨 오른쪽 엄지손가락으로 잡고 긴 쪽을 움직인다.

02 상자 아래쪽으로 돌려준다.

03 앞으로 다시 한번 돌려 아래로 돌려준다.

04 돌려준 긴 쪽을 잡고 있던 짧은 자락과 함께 모서리에서 묶어준다.

나비 보
Butterfly bow

01 한쪽 리본을 엄지손가락으로 잡고 긴 쪽을 엄지손가락에 있는 고리 사이로 빼준다.

02 빼준 고리를 양손으로 잡고 당겨준다.

리본 종류 : 주름 리본, 폭 : 0.5cm, 길이 : 20cm

Z 타이
Z tie

리본 종류 : 주름 리본, 폭 : 0.5cm, 길이 : 50cm

01 리본을 10cm 정도 남기고 오른쪽 엄지손가락으로 잡고 왼손으로 긴 쪽을 움직인다.

02 리본의 긴 쪽을 뒤로 돌려준다.

03 뒤로 돌려준 리본을 앞쪽으로 보낸다.

04 다시 앞쪽으로 온 리본을 다시 뒤로 돌려준다.

05 다시 앞으로 와서 고정시켰던 짧은 쪽과 함께 묶어준다.

• 05에서, 리본 끈을 묶기 전에 짧은 끈을 ×로 교차시킨 밑으로 한 번 통과시켜 준다.

🎀 나비 보 *Butterfly bow*

리본 종류 : 주름 리본, **폭** : 0.5cm, **길이** : 30cm

01 두 개의 리본 중 하나는 엄지에 끼우고 다른 한쪽 리본을 엄지손가락 밑으로 넣어 고리를 빼내어 준다.

02 두 개의 고리를 잡아 당겨 나비 보를 만든다.

원통형 포장

PART three

스카프나 양말, 코사지와 같은 형태가 없는 선물을 할 때 원통의 부드러움을 살려 센스 있게 마음을 전해 보자.

긴 원통 회전식 포장

박스에 담을 수 없는 물건을 그대로 모양을 살려 담을 수 있는 원통형 포장으로, 포장지의 질감을 살려 예쁘게 포장해 보자. 원통을 굴려가며 포장을 하므로 포장지는 두꺼운 것보다 얇고 부드러운 것을 선택하는 것이 효과적이다.

How to make

재료 포장지, 긴 원통, 리본, 양면테이프, 칼, 가위

01 포장지를 펼쳐놓고 그 위에 긴 원통을 올려 놓는다.(지름+원통 길이 ×2/3)

02 원통 길이의 2배 정도의 포장지를 정사각형이 되도록 재단한다.

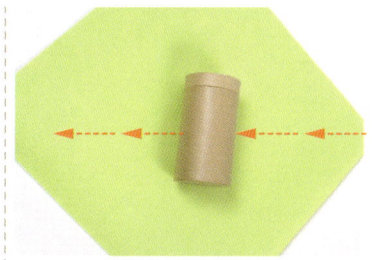

03 포장지를 마름모꼴로 놓고 포장지의 모서리를 원통의 길이 가운데 오게 하여 굴려준다.

04 원통이 반대편 멈춘 끝부분에서 시작을 한다.

05 포장지에 주름을 잡는다.(주름을 잡을 때 원통을 굴려가며 접어준다.)

06 일정한 간격을 주면서 주름을 잡는다.(원통 주름을 잡을 때는 한곳에 주름이 모아져야 한다.)

07 원통의 반지름 정도 접어지면 남은 포장지를 안으로 접는다.

08 안으로 접은 부분이 뭉쳐지지 않도록 잘 만져준다.

09 끝부분에 양면테이프를 붙여 포장지를 고정시켜 준다.

- 회전식 포장을 할 때는 맨 마지막 접는 부분에서 상자나 원통을 굴려 정확한 모서리에 위치한 그 곳에서 처음 시작한다.
- 처음 시작은 모서리가 원통 중심에서 벗어난 1/3 지점에서 시작한다.

POINT 오른쪽 사진은 원통의 주름 모양이다. 양쪽 모두 같은 모양으로 주름을 접는다. 주름은 원통 지름의 반만 접어준다.

원통 타이
Cylinder tie

긴 원통을 리듬감 있게 스티치 리본으로 돌려 감는다.

리본 종류 : 스티치 리본, **폭** : 2.5cm, **길이** : 40cm

01 리본 끝부분을 원통 아랫부분에 테이프를 붙여 고정한다. (사선으로 붙여 시작한다.)

02 리본을 원통에 돌려가면서 사선으로 감아준다.

03 마지막 끝까지 돌려주어 원통 밑부분에 붙여준다.

04 일정한 간격으로 리본을 사선으로 돌려 고정시켜 준다.

- 원통 타이를 만들 때 리본은 사선으로 붙여 시작한다.

웨이브 보
Wave bow

리본 종류 : 스티치 리본, **폭** : 1cm, **길이** : 20cm

01 리본을 엄지손가락만큼 고리를 만들어 엄지와 검지로 고정시킨다.

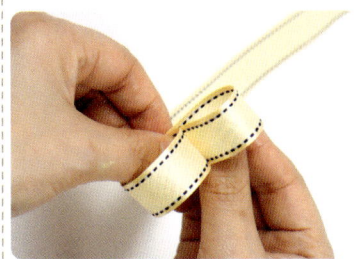

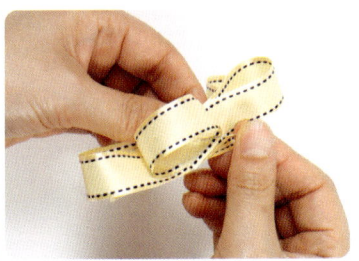

02 리본의 긴 쪽을 엄지 고리보다 크게 만든다.

03 반대쪽에도 같은 크기로 만든다.

04 두 번째 고리는 엄지에 끼고 있는 고리의 2배 정도 크게 만든다.

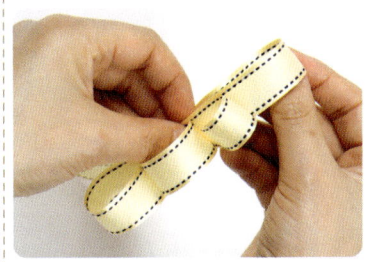
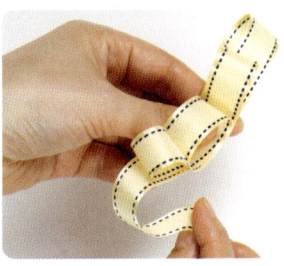

05 반복하여 점차 고리가 크게 되도록 만든다.

06 중심 고리 양쪽에 각각 2개씩 만든 후 남은 리본을 잘라 고정시킨다.

07 보를 원통에 붙여 고정시킨다.

긴 원통형 캐러멜식 포장

일정한 간격으로 원의 중심을 향해 접어주는 긴 원통 포장법이다.

How to make

재료 포장지, 긴 원통, 리본, 양면테이프, 가위, 칼, 철사

01 포장지를 펼쳐놓고 그 위에 긴 원통을 올려 놓는다.

02 포장지를 원통둘레+시접(2cm)과 반지름+원통길이+반지름으로 재단한다.

03 둘레 시접 1cm를 접어준다.

04 시접 위에 양면테이프를 붙인다.

05 포장지로 원통을 감싼 후 양면테이프를 붙여 고정시킨다.

06 양쪽 포장지의 남은 길이는 원통의 반지름이 되게 한다.

07 원통의 가운데 중심을 향해 포장지를 접어준다.

08 일정한 간격을 주면서 중심으로 모아지게 접는다.

09 접은 끝점이 가운데로 모아지면 마지막 접은 부분을 처음 시작했던 곳 밑으로 밀어 넣어준다.

10 이음 부분이 겹치지 않도록 잘 만져 마무리한다.(반대편도 같은 방법으로 한다.)

11 색이 다른 자투리 포장지를 원통둘레+시접(2cm), 길이 10cm를 준비하여 원통에 붙여준다.

12 원통 아랫부분에 붙여 돌려준다.

13 한 바퀴 돌려 처음 붙인 부분에 붙여 고정시켜 준다.

완성된 원통 포장

• 서로 다른 색상의 포장지를 이용해서 세련된 포장 기법을 연출할 수 있다.

일자 타이 *Straight tie*

리본 종류 : 투톤 공단 리본, **폭 :** 3.5cm, **길이 :** 15cm

01 색이 다른 포장지 끝부분에 리본을 붙여준다.

02 한 바퀴 돌려 양면테이프를 붙여 고정시킨다.

루프 보
Loop bow

리본 종류 : 투톤 공단 리본, **폭** : 3.5cm, 길이 : 35cm

01 리본을 8~10cm 정도 길이로 잡는다.

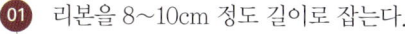

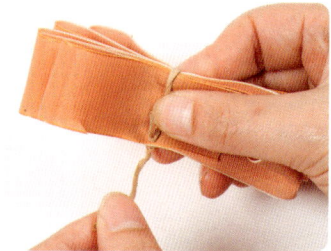

02 고리를 만든 다음 밖을 향해 다시 고리를 만든다.

03 5회 정도 계속 반복해서 고리를 만들어 마무리해 준다.

04 엄지와 검지로 누르고 있는 부분을 핀이나 스테이플러로 고정시킨다.

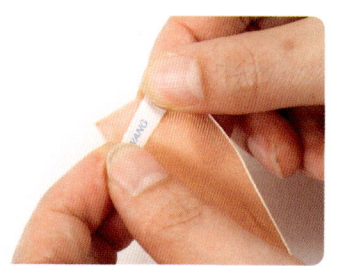

05 리본 5cm를 준비하여 끝부분에 양면테이프를 붙인다.

06 리본 중앙에 돌려준다. 가운데를 당겨 짱짱하게 고정시킨다.

07 원통에 양면테이프를 붙여 리본을 고정시킨다.

긴 원통 이중 포장

긴 원통을 이중으로 포장해 보자. 단색의 포장지에 무늬가 있는 스마트한 포장지를 덧붙여 산뜻한 느낌을 살려 본다. 비타민제나 영양제 같은 낱개로 된 선물을 담아 선물하면 좋다.

How to make

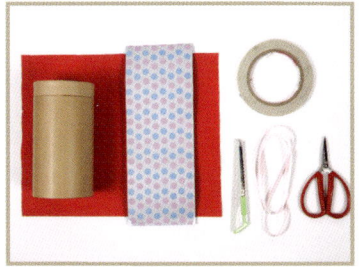

재료 포장지, 긴 원통, 리본, 양면테이프, 가위, 철사, 칼

01 포장지를 펼쳐놓고 그 위에 긴 원통을 올려 놓는다.

02 포장지를 원통둘레+시접(2cm), 반지름+원통길이+반지름으로 크기를 정한다.

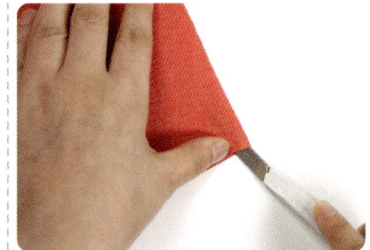

03 크기에 맞게 포장지를 재단한다.

04 둘레 시접분 1cm를 접어 양면테이프를 붙인다.

05 원통에 포장지를 두른 후 바짝 당겨 양면테이프를 떼면서 붙여준다.

06 포장지를 끝까지 붙여준다.

07 원통의 지름 부분을 접어준다.

08 일정한 간격을 유지하며 사진과 같이 접는다.

09 마지막 부분을 접어 처음 시작했던 곳 밑으로 끼워준다.

10 사진과 같이 원 가운데로 모아지도록 잘 만져준다.

11 또 다른 포장지를 원통둘레+시접(2cm), 폭 10cm로 재단한다.

12 시접 1cm를 접어 양면테이프를 붙이고 원통 길이에서 중간 밑으로 오게 한다.

13 포장지를 한 바퀴 돌려 준다.

14 처음 시작한 부분에 붙여준다.

15 잘 만져서 완성한다.

- 일자 타이로 띠를 두를 때 포장지와 반대색으로 선택해서 띠를 두르면 훨씬 세련된 포장이 될 수 있다.

일자 타이
Straight tie

두 가지 색상의 포장지를 겹쳐 포장할 때는 일자 타이를 강조하여 포인트가 될 수 있도록 한다.

리본 종류 : 글자 리본, **폭** : 0.5cm, **길이** : 40cm

01 리본에 양면테이프를 붙여 고정시킨다.

02 리본을 둘러준 다음 붙인다.

03 반대쪽도 같은 방법으로 리본을 붙여준다.

04 처음 붙인 부분에 붙여준다.

나비 보 & 리본 고리
Butterfly bow & Ribbon ring

원통을 포장한 후 위·아래를 분리하여 리본으로 고리를 만들어 연출한다.

리본 종류 : 글자 리본, **폭 :** 0.5cm, **길이 :** 15cm 정도

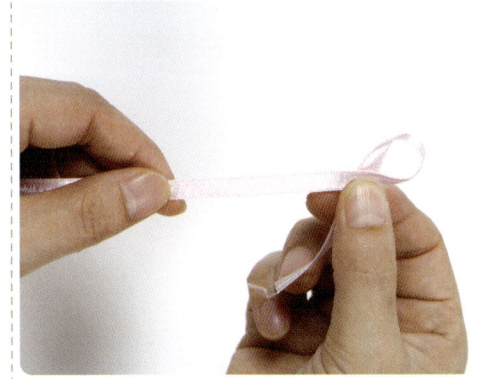
01 리본으로 고리를 적당하게 만든다.

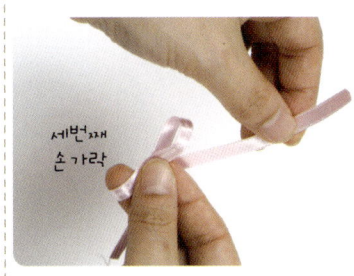
02 리본의 긴 쪽을 엄지와 검지로 누르고 있는 세 번째 손가락 밑으로 한 바퀴 감아준다.

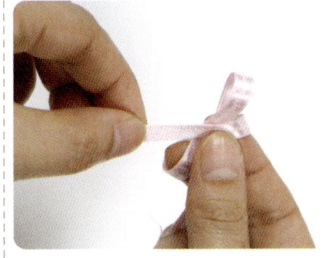
03 위로 올려 긴 쪽이 사진과 같이 오도록 한다.

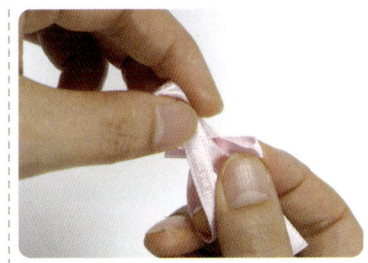
04 둘째와 셋째 손가락 사이의 고리로 긴 쪽을 빼준다.

05 고리를 빼내어 양쪽으로 당긴다.

01 리본 고리는 3cm 길이로 자른다.

02 두 겹으로 접어 붙인다.

03 원통 지름 중심에 끼워 붙인다.

04 고리 아래에 나비 보를 붙여준다.

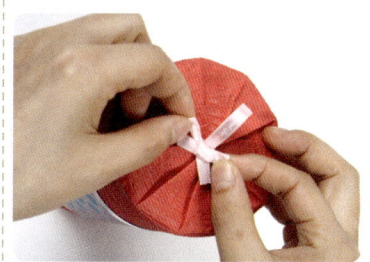
05 고리를 잘 세워 만져준다.

위, 아래 분리를 위해 고리를 단 원통 포장

낮은 원통 캐러멜 포장

양말이나 손수건 같은 물건을 선물할 때,
또는 코사지를 선물할 때 낮은 원통의 장점을 살려
사용하면 선물이 돋보인다.

How to make

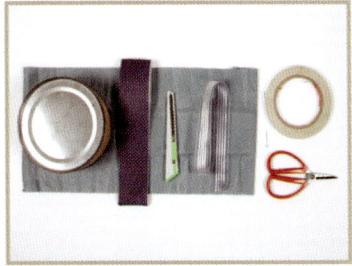

재료 포장지, 낮은 원통, 리본, 칼, 가위, 양면테이프

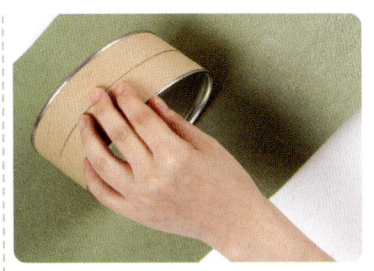

01 포장지 위에 원통을 올려 놓는다.

02 포장지를 원통둘레+시접(2cm), 원통 반지름+높이+반지름으로 재단한다.

03 둘레 시접 1cm를 접는다.

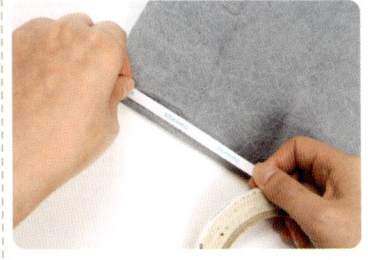

04 시접 위에 양면테이프를 붙인다.

05 원통의 양쪽 반지름 길이를 남기고 둘레를 포장한다.

06 양면테이프를 떼어가며 붙인다.

07 끝까지 밀리지 않도록 눌러준다.

08 원의 중심을 향해 포장지를 접어준다.

09 일정한 간격을 유지하며 접는다.

10 끝마무리는 마지막 부분을 처음 시작한 밑으로 끼워 밀어 넣는다.

11 또 다른 포장지를 원통둘레+2cm(시접), 원통 높이로 재단한다.

12 둘레 시접 1cm를 접는다.

13 시접 위에 양면테이프를 붙인다.

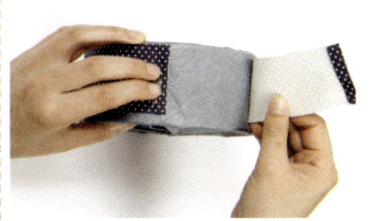
14 원통 높이 부분에 돌려준다.

15 처음 시작한 부분에 붙여준다.

16 완성된 모습이다.

- 낮은 원통의 단순함을 세련된 포장으로 보여지기 위해서는 서로 다른 색상을 선택하여 이중으로 포장해 주는 게 더욱 감각적이고 세련되게 보여진다.

일자 타이 *Straight tie*

리본 종류 : 오간디 리본, **폭** : 2.5cm, **길이** : 25cm

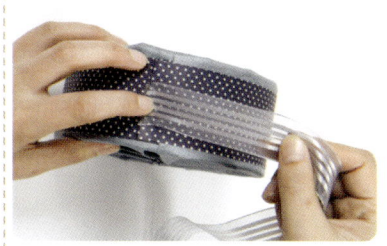
01 리본을 높이 중앙에 고정시킨다.

02 한 바퀴 돌려서 붙여준다.

스타 보
Star bow

리본 종류 : 오간디 리본, **폭** : 2.5cm, **길이** : 30cm

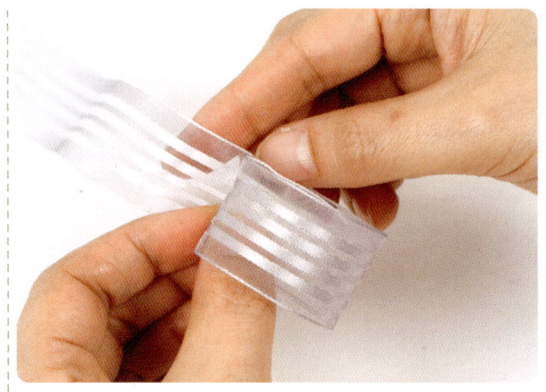

01 엄지손가락 정도의 고리를 만든다.

02 리본의 긴 쪽을 위로 올려 ∧의 모양이 되도록 아래로 내려준다.

03 다시 긴 리본을 ∧의 모양이 나오도록 만든다.

04 긴 쪽을 다시 한번 교차해 준다.

05 손을 움직여가며 계속 고리를 반복해서 만들어 준다.

06 ∧ 부분이 서로 겹치지 않도록 비껴가며 접어준다.(방향을 따라 고리를 돌려가며 만든다.)

07 고리를 반복하여 접는다.

08 리본을 만들고 남은 부분을 잘라 준다. 흐트러지지 않도록 만져준다.

09 핀이나 스테이플러로 리본을 고정시킨다.

10 원통 위에 양면테이프로 스타 보를 고정시킨다.

- 원통 상자의 위를 장식할 때는 다른 어떤 리본 보보다 둥근 원통에 잘 어울리는 스타 보를 접어 장식해 준다.
- 스타 보는 안정감이 있어 편안하면서도 감각적으로 보인다.

위에서 본 스타 보

낮은 원통 날개 포장

원통 위에 공작새의 날개와 리본을 달아 포장해 보자.
구김이 많이 가므로 부드러운 포장지나 구김지를 사용하면 편리하다.
조금은 까다로운 방법이지만 한 번쯤 해 보는 것도 좋을 듯하다.

How to make

재료 포장지, 원통, 리본, 양면테이프, 투명테이프, 철사, 칼, 가위

01 포장지 위에 원통을 올려 놓는다.

02 포장지를 원통둘레+시접(2cm), 원통 반지름+높이+원통 지름으로 크기를 정한다.

03 원통 지름만큼 포장지를 댄다.

04 포장지를 표시한 선대로 접는다.

05 크기대로 포장지를 잘라준다.

06 둘레 시접 1cm를 접어준다.

07 양면테이프를 붙인다. (양면테이프를 원통 윗면 여유분 시접에는 붙이지 않는다.)

08 양면테이프를 조금 떼어 준다.

09 떼어낸 부분을 붙여준다.

10 밀리지 않도록 붙여가며 양면테이프를 떼어준다.

11 포장지를 잘 만져준다.

12 원통의 중심을 향해 접는다.

13 간격을 유지하면서 접는다.

14 마지막 접은 부분은 처음 시작했던 밑으로 밀어 넣는다.

15 접은 부분을 집어 넣고 양면테이프로 고정시킨다.

16 뒤집어 부채 모양을 만들어 윗면이 보이도록 한다.

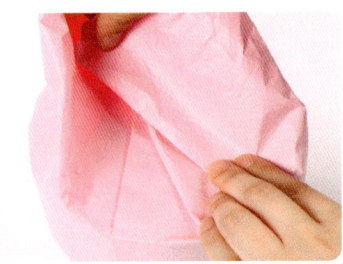
17 포장지를 원통 중심을 향해 접어준다.

18 접을 때 주름을 포장지 끝부분까지 접히게 한다.

19 마지막 부분을 접어준다.

20 마지막 부분을 접을 때 안에 있는 부분을 빼낸다.

21 빼내면 부채 모양이 된다.

22 양면테이프로 고정한다.

23 부채를 펴서 끝에 붙여 마무리한 후 원통과 부채 옆에 리본을 붙여 완성한다.

다각형 포장

PART four

여러 가지의 다각형 모양으로 포장해 보자. 육각형과 삼각형의 상자를 이용하여 선물을 담아 보자.

육각형 물레방아 포장

육각형 상자의 윗부분을 물레방아 모양으로 만들어 색다르게 포장을 해 보자.

How to make

재료 상자, 포장지, 양면테이프, 칼

01 포장지 위에 상자를 올려 놓는다.

02 포장지를 상자둘레+시접(2cm), 상자 밑면 1/2+상자 높이+상자 윗면 1/2로 재단한다.

03 시접 1cm를 접어 양면테이프를 붙인 후 육각면 모서리에 이음 부분이 오도록 둘러준다.

04 면 모서리에 각을 잘 잡아 눌러주면서 붙여준다.

05 길이 끝부분까지 붙여준다.

06 육면으로 되어 있는 상자를 면대로 포장지를 접는다.

07 돌아가며 시접을 안으로 접어주면서 끝부분이 중앙에 오도록 한다.(접는 끝부분이 반대 사선 끝점과 일직선이 되도록 한다.)

08 마지막 부분은 처음 시작했던 곳을 살짝 들춰 그 밑에 끼워 넣는다.

09 접었던 면 6곳을 엄지와 검지를 이용해 세워준다.

10 또 다른 포장지를 상자 높이×폭 3cm의 크기로 6개 잘라준다.

11 각 6면에 하나씩 가운데 위치에 붙여준다.

⑫ 포장지를 돌려가며 붙여준다.

⑬ 원 중심에 장식을 붙여준다.

위에서 본 육각형 물레방아

여러 가지 재미있는 그림의 포장지를 선택해서 물레방아 모양으로 포장을 해 본다.

육각형 바람개비 포장

바람개비 모양으로 육각형 상자를 재미있게 표현해 보자.
부드러운 구김지나 얇은 포장지로 하면 더욱 편리하다.

How to make

재료 포장지, 상자, 리본, 양면테이프, 철사, 칼, 가위

01 포장지 위에 상자를 올려 놓는다.

02 포장지를 상자둘레+시접(2cm), 상자 밑면 1/2+상자 높이+상자 윗면 1/2로 재단한다.

03 재단한 포장지를 상자에 포장하듯이 각 면의 모서리 선을 표시해 준다. 윗면에 표시된 6면 선을 자른다.

04 높이를 남겨 놓은 위, 아래의 나머지를 자른다.

05 둘레 시접 1cm를 접어 그 위에 양면테이프를 붙인다.

06 재단한 포장지를 상자둘레에 감싼다.

07 양면테이프를 떼어 내면서 붙여 준다.

08 높이 부분을 끝까지 붙인다.

09 자른 윗면 날개를 안으로 접는다.

10 안으로 접은 후 모서리 선을 중심으로 일직선이 되도록 접는다.

11 돌려가며 같은 방법으로 접는다.

⑫ 마지막 부분은 처음 시작한 밑으로 끼워 밀어준다.

⑬ 12까지 하면 위의 사진 모양대로 나온다.

⑭ 날개 부분을 위로 올린다.(이등변 삼각형의 모양)

⑮ 돌려가며 접어 세워 준다.

⑯ 반대쪽 밑면도 안으로 접어준다.

⑰ 바깥으로 다시 접어준다.

⑱ 밑면은 날개를 세우지 않고 그대로 둔다.

위에서 본 육각형 바람개비

육각형 일자 타이
Straight tie

리본 종류 : 레이스 리본, **폭** : 5cm, **길이** : 60cm

01 레이스 리본에 양면테이프를 붙여 육각형 상자 높이 중간쯤 붙인다.

02 한 바퀴 돌려 고정시켜 준다.

03 위에 구슬을 붙여 장식한다.

04 완성된 모습이다.

- 봄의 신부에게 선물할 수 있도록 핑크색 포장지를 사용하고 리본도 레이스를 사용한다.
- 상자 위 중심에 구슬로 장식하여 모아지는 부분을 살짝 가려 주기도 한다.

육각형 캐러멜 포장

육각형의 상자를 6개의 면을 접어 포장하는 방법으로
깔끔하면서 다양한 액세서리나 리본으로 장식해도 어울리는 포장이다.
육각형의 면을 이용하여 여러 가지 아이디어를 표현해 보자.

How to make

재료 포장지, 상자, 리본, 양면테이프, 칼, 가위

01 포장지 위에 상자를 올려 놓는다.

02 포장지를 상자둘레+시접(2cm), 상자 윗면 1/2+상자 높이+상자 밑면 1/2로 재단한다.

03 둘레 시접 1cm를 접어 그 위에 양면테이프를 붙인다.

04 상자와 포장지를 바짝 당겨 포장지를 둘러준다.

05 끝까지 밀리지 않도록 눌러주면서 붙여준다.

06 한 면 한 면을 육각형 중심을 향해 접는다.

07 6면을 돌아가면서 접어준다.

08 마지막 부분은 처음 시작했던 시접을 살짝 들춰 그 밑으로 끼워 밀어준다.

- 접은 끝선이 반대되는 대각선 끝 모서리와 일직선이 되도록 접어준다.
- 캐러멜 포장을 접을 때 맨 마지막 마무리는 항상 처음 시작했던 부분을 살짝 들어 마지막 접은 시접분을 밑으로 끼워준다.

일자 & 크로스 타이
Straight & cross tie

리본 종류 : 레이스 리본, 폭 : 5cm, 길이 : 40cm
리본 종류 : 스트라이프 실크 리본, 폭 : 3cm, 길이 : 60cm

01 먼저 재단한 레이스 리본을 상자 높이 중간쯤 고정시킨다.(길이는 상자 둘레만큼 자른다.)

02 상자를 한 바퀴 둘러 붙인다.

03 스트라이프 실크 리본을 8~10cm 정도 남겨놓고 엄지로 고정시킨다.

04 긴 쪽을 이용해 한 바퀴 돌린 다음 짧은 쪽과 교차시킨다.

05 교차시킨 긴 쪽을 다시 상자 밑으로 돌려 교차시킨다.

06 짧은 쪽을 교차되어 있는 리본 밑으로 한번 통과시킨다.

07 밑으로 통과시킨다.

08 리본을 밖으로 바짝 당겨 준다.
09 당긴 다음 묶어 준다.
10 고루 매만져 뭉치지 않도록 한다.

코사지 보
Corsage bow

리본 종류 : 스트라이프 실크 리본, **폭** : 3cm, **길이** : 50m

이 부분을 잡아 앞쪽에 붙인다.

01 리본을 7~9cm 정도의 길이로 잡아 삼각형의 모양으로 만든다.

02 다시 긴 쪽을 돌려준다.
03 긴 쪽을 뒤에서 앞으로 02와 같은 고리로 만들어 엄지손가락으로 고정해 준다.
04 다시 긴 쪽을 뒤로 보낸다.

05 다시 앞으로 고리를 만든다.

06 뒤로 보낸 긴 리본을 엄지로 고정시킨다.

07 좌우 고리가 3개씩 되도록 한다.

08 보를 접은 후 상하 좌우를 잘 만져준다.

09 중심 부분을 철사로 감아준다.

10 풀어지지 않도록 꽉 묶어준다.

11 상자 위에 붙여준다.

스트라이프 리본으로 부드럽게 표현한 코사지 보

삼각형 기본 포장

조각 피자나 케이크의 모양처럼 삼각형 상자를 포장하는 방법이다.
포장했을 때 삼각형의 형태가 보여지는 게 특징이며,
깜찍하고 귀여운 포장의 표현으로 친구나 아이들에게 선물할 때 좋다.

How to make

재료 포장지, 상자, 리본, 가위, 칼, 양면 테이프

01 포장지를 사선으로 놓고 상자를 올려 놓는다.

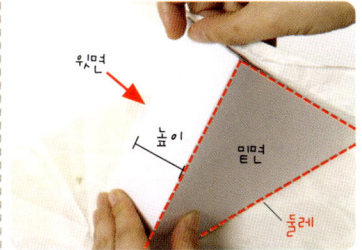

02 삼각 상자를 세웠을 때 둘레+시접(2cm), 상자 윗면 1/2+높이+상자 밑면 1/2로 포장지를 재단한다.

03 둘레 시접 1cm를 접어 양면테이프로 고정한다. 포장지로 박스를 밀착시켜 둘레를 포장한다.

04 끝까지 밀리지 않도록 붙여준다.

05 상자를 눕혀 한 면씩 접는다.

06 다른 면을 접는다.(접는 면이 삼각면 중앙에 일직선이 되도록 한다.)

07 접을 때 일직선이 맞지 않으면 접은 부위를 안으로 조금 더 접어 선을 맞춰 준다.

08 한 면 한 면 접어준다. 세 면 모두 접어준다.

- 완성된 상자를 보면 세 개의 삼각형이 마주보고 있다.

09 접은 세 면이 상자 가운데 모이도록 한다.

10 양면테이프로 고정시킨다.(상자 반대쪽도 같은 모양으로 접는다.)

삼각형 일자 타이
Straight tie

리본 종류 : 크리스마스 공단 리본, **폭** : 2.5cm, **길이** : 30m
리본 종류 : 체크 리본, **폭** : 0.5cm, **길이** : 30m

01 리본 끝에 양면테이프를 붙여 상자 높이 모서리 쪽에 고정한다.

 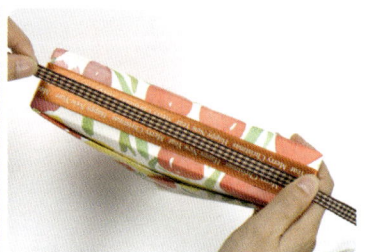 

02 리본을 상자에 둘러 처음 시작한 부분에 고정한다.

03 체크 리본을 공단 리본 위에 덧대어 돌려준다.

04 한 바퀴 돌린 후 양면테이프를 붙여 고정시킨다.

- 삼각형 상자에 리본을 묶을 때는 면보다 높이 부분에 한 바퀴 띠를 두르듯 리본을 매주는 것이 보기 좋다.

싱글 보
Single bow

리본 종류 : 체크 리본, **폭** : 0.5cm, **길이** : 15m

삼각 상자를 보면 조각 케이크를 연상케 하며 깜찍하고 달콤한 그 무엇인가가 들어 있을 것만 같은 느낌이다.

깜찍하고 경쾌한, 그리고 달콤한 맛이 느껴지도록 체크 무늬 리본을 사용해서 싱글 보를 만들어 보자.

01 리본의 긴 쪽을 엄지손가락으로 고리를 만든 사이로 넣는다.

02 리본을 넣은 후 빼내어 준다.

03 리본이 움직이지 않도록 꽉 묶어 준다.

• 단순하지만 간결한 싱글 보는 보의 고리가 상자를 세웠을 때 위로 올라가도록 리본 보를 매준다.

포 보
Four bow

리본 종류 : 체크 리본, 폭 : 0.5cm, 길이 : 30m

01 리본을 길이 10cm 정도로 잡는다.

02 고리를 만든 후 긴 쪽으로 다시 고리를 만든다.

03 ∞자 모양이 나도록 한다.

04 긴 쪽으로 다시 고리를 만든다.

05 긴 쪽으로 계속 고리를 만들어 리본을 겹치게 한다.

06 간격을 잘 맞추어 만져준다.

07 중간에 철사로 꽉 묶어준다.

08 리본 고리가 네 개여서 포 보라고 한다.

09 리본 중간에 구슬을 붙인 후 상자 중앙에 달아준다.

10 완성된 모습이다.

스타 보
Star bow

리본 종류 : 크리스마스 공단 리본, 폭 : 2.5cm, 길이 : 30m

01 엄지손가락으로 고리를 만들어 그대로 고정한다.

긴 부분을 그대로 뒷면끼리 모아준다.

 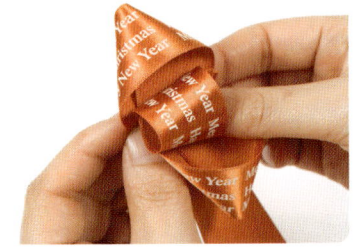 

02 사진과 같이 긴 쪽을 움직여 삼각 뿔 모양이 나오도록 한다.

03 긴 쪽 리본으로 다시 삼각뿔이 되도록 모양을 만들어 준다.

04 긴 쪽을 계속 움직여 네 개의 삼각뿔을 만들어 준다.

05 앞부분에 먼저 네 개를 만든다.

06 서로 보가 겹치지 않도록 서로 비껴가며 접는다.

07 보와 보 사이의 뒤쪽에 오도록 만들어 준다.

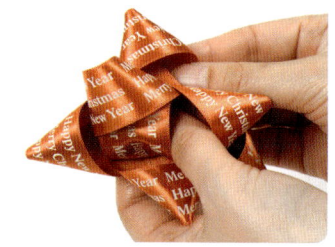

08 남은 리본은 잘라주고 양면테이프를 붙여 마무리한다.

09 리본을 상자 위에 양면테이프를 붙여 고정시킨다.

10 완성된 모습이다.

체크 리본의 경쾌함과 귀여움이 돋보이는 삼각형 포장

이등변 삼각형 포장

삼각형 기본 포장과 이등변 삼각형의 형태 포장이다.
삼각 상자 포장을 이등변 삼각 형태가 되도록 포장하는 방법이다.
체크 포장지로 정성을 다해 고급스럽게 포장해 보자.

How to make

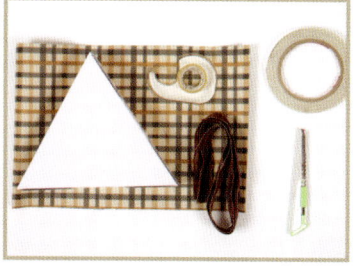

재료 포장지, 상자, 리본, 양면테이프, 투명테이프, 칼, 가위, 철사

01 포장지 위에 상자를 올려 놓는다.

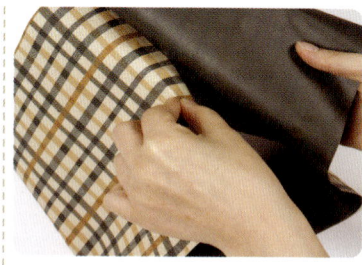

02 상자둘레+시접(2cm), 상자 밑면 1/2+상자 높이+상자 윗면 1/2로 재단할 크기를 잡는다.

03 크기대로 재단한다.

04 시접 1cm를 접은 다음 그 위에 양면테이프를 붙인다.

05 포장지로 상자둘레를 감싼다.

06 상자와 포장지가 움직이지 않도록 중간을 먼저 고정시킨다.

07 포장지를 밀리지 않도록 붙인다.

08 높이 부분을 끝까지 붙여준다.

09 한 면을 안으로 접는다.

10 두 번째 면을 안으로 접는다.

11 접었을 때 일직선이 되도록 한다.

12 일직선으로 포장지를 접어준다.

13 마지막 면의 양쪽 시접을 안쪽으로 접어준다.

14 마지막에 양면테이프를 붙여 고정시킨다.

15 포장지가 뜨지 않도록 눌러준다.

- 포장지를 자를 때는 칼날을 최대한 눕혀 준다.
- 포장지를 상자 모서리에 맞춰 접는선을 표시한 후 재단한다.

삼각 타이
Triangle tie

리본 종류 : 오간디 스티치 리본, **폭** : 2.5cm, **길이** : 45m

01 15cm 리본을 3개 준비한다.

02 한 가닥은 한 손에 두 가닥은 다른 한 손에 잡는다.

03 두 개 중 하나를 잡아 한 번 묶어 준다.

04 한 번 더 묶어준다.

05 리본이 묶인 모습이다.

06 리본을 잡아당겨 뭉치지 않도록 잘 만져준다.

- 리본 끈을 세 개로 하는 삼각 묶음은 삼각 상자나 무거운 물건을 포장할 때 많이 사용된다.

쓰리 보
Three bow

리본 종류 : 오간디 스티치 리본, 폭 : 2.5cm, 길이 : 45m

01 세 줄로 묶은 리본을 각 면에 오도록 한다.

02 세 줄을 모아 잡는다.   **03** 두 가닥과 한 가닥을 따로 잡는다.   **04** 한 번 묶어준다.

05 두 가닥을 고리로 만들어 준다.   **06** 한 가닥의 고리를 두 가닥의 고리 밑으로 원을 그리듯 고리를 만들어 빼준다.   **07** 보를 잘 만져 정리해 준다.(나비보 묶는 것처럼 묶어주면 된다.)

다양한 삼각형 포장

병 포장과 태그

PART five

와인이나 샴페인 등은 자주 하는 선물이지만 마트에서 포장된 그대로를 선물할 때가 많이 있다.
하지만 이젠 그런 평범함에서 벗어나 정성이 깃든 멋진 병 포장으로 개성을 발휘해 보자.

날개 병 포장

날개를 펼치듯 붉은 포장지로 와인을 포장해 보자.
와인의 마개가 보이도록 하여 포장한 채로 와인을 즐길 수 있도록 하였다.

How to make

재료 포장지, 와인, 망사 리본, 스켈톤잎, 리본, 펀치, 칼, 가위, 양면테이프, 투명테이프, 끈

01 포장지 위에 병을 올려 놓는다.

02 포장지를 마름모꼴로 두고 병길이+지름을 재서 정사각형으로 자른다.

03 02의 크기대로 포장지를 재단해 준다.

04 병을 포장하기 전에 움직이지 않도록 테이프로 고정한다.

05 포장지 모서리에 병 아랫부분을 놓고 접는다.

06 병을 굴려가며 병 바닥에 주름을 잡아준다.

07 주름을 어느 정도(반지름 정도) 잡아주면 나머지 여유분은 안으로 접어 말아준다.

08 끝부분을 부채 모양으로 접는다.

09 주름을 잡아 고정한다.

10 보기 좋게 잘 만져준다.

- 병 밑바닥에 하는 회전식 주름 포장은 포장지가 겹쳐지므로 두꺼운 포장지보다는 두께가 얇은 포장지를 사용하는 것이 편리하다.

일자 타이 & 나비 보
Straight tie & Butterfly bow

리본을 병에 둘러 보를 묶는 방법이다.

리본 종류 : 주름 리본, 줄 리본
폭 : 0.5cm
길이 : 25cm

01 리본을 병 하단에 둘러준다.

02 두른 다음 묶어준다.

03 나비 보를 만들어 준다.

04 병의 목 부분에 줄 리본을 둘러 묶어준다.

05 줄 리본을 묶은 후 보를 만든다.

태그
Tag

재료 : 스타드림지(5×8cm), 레이스 리본(5×8cm), 스켈톤 잎, 가죽끈, 철사, 펀치

01 레이스 리본을 길이 8cm로 자른다.

02 스타드림지도 리본 길이와 같이 잘라 모양 스탬프로 찍어준다.

03 스켈톤잎을 앞에 붙여 펀치로 구멍을 낸다.

04 잘 만져준다.

05 철사를 끼워준다.

06 적당한 길이로 끈을 묶어준다.

07 병에 달아준다.

주름지 병 포장

병목에 주름지를 이용하여 여왕의
옷깃을 연출해 보자.
간편하지만 우아함이 느껴지는 포장법이다.

How to make

재료 주름지, 샴페인, 리본, 칼, 핑킹가위, 철사, 가위, 태그

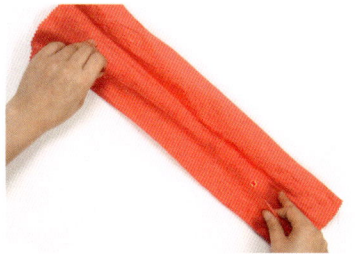

① 주름지를 준비한다.

② 주름지를 병지름(폭)×3, 병길이 +10cm로 재단한다.

③ 핑킹가위로 끝부분을 자른다.

④ 다른 쪽 부분도 자른다.

⑤ 병을 주름지 가운데 올려놓고 병을 감싼다.

⑥ 병과 주름지를 철사로 묶어준다.

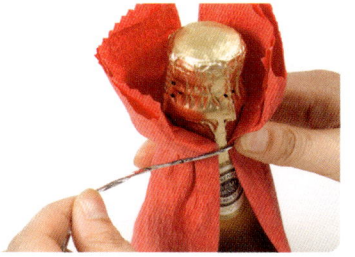

⑦ 줄 리본을 병목 앞 중심에 댄다.

⑧ 줄 리본을 돌려 감아준다.

- 샴페인이나 바로 사용할 수 있는 병을 포장할 때는 병뚜껑이 보이도록 하여 병을 따는 데 지장이 없도록 하면 편리하다.
- 주름지 병 포장은 간단해 보이지만 생일 바구니와 함께 포장하면 선물의 의미를 한층 높여준다.

나비 보 & 태그
Butterfly bow & tag

리본을 병에 둘러 보를 묶고 태그도 달아준다.

리본 종류 : 공단 줄 리본
폭 : 0.5cm
길이 : 30m

01 리본을 병목에 묶어준다.

02 한 줄로 검지손가락만 하게 보를 만든 후 다른 한 줄로 감아 빼준다.

03 태그를 단다.

[태그 만드는 법]
- 자투리 포장지를 폭 3cm, 길이 7cm로 핑킹가위를 이용해서 자른다.
- 그 위에 다른 색상의 단색 종이를 가로, 세로 2cm씩 작게 잘라 붙인다.
- 글씨를 직접 쓰거나 스탬프를 활용해도 된다.
- 태그 윗부분에 펀치나 송곳으로 구멍을 내서 끈을 달아주면 완성된다.

빈티지 병 포장

한글 신문지나 영자 신문지 또는 소포지 같은 자연적인 느낌이 나는 질감을 포장지로 활용해 병을 포장해 보자.

How to

재료 빈티지 봉투, 화선지, 양주병, 노끈, 태그, 가위

01 빈티지 봉투를 준비한다.(봉투는 만들어 준비한다.)

02 화선지를 구겨준다.

03 봉투에 고루 펴서 집어 넣는다.

04 병을 봉투에 넣는다.

05 노끈으로 한 바퀴 돌려준다.

06 노끈을 묶어준다.

07 한쪽 노끈에 고리를 만든다.

08 다른 한쪽으로 돌려 묶어 리본을 만들어 준다.

- 집에 영자 신문이 없으면 흔히 있는 신문지로도 활용 가능하다.
- 병 포장할 때 어느 정도 병이 보여지도록 포장을 2/3 정도까지만 하면 바로 무엇인지 구별할 수 있어 편리하다.

병 포장 태그

01 스타드림지를 적당한 크기의 원으로 자른다.

02 펀치로 걸이 구멍을 뚫는다.

03 모양 펀치를 이용하여 원의 모양에 맞게 구멍을 뚫어준다.

04 또 다른 모양의 펀치로 구멍을 뚫어 준다.

05 빈 공간에 글씨를 쓴다.

06 원 모양의 태그가 만들어졌다.

07 망사 리본을 적당한 길이로 잘라 준다.

08 망사 리본과 종이 태그를 겹쳐 놓는다.

09 구슬 장식을 준비한다.

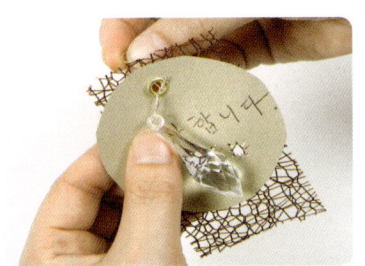
10 구슬 장식을 08에 연결한다.

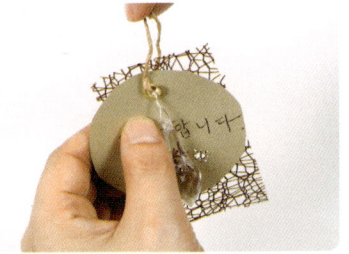
11 끈을 끼워 연결하여 태그를 완성한다.

12 병목에 태그를 달아준다.

셔츠 병 포장

셔츠 모양으로 만들어 지루할 수 있는
포장을 재미있게 표현하였다.
다소 손이 좀 가지만 사랑하는 마음으로
만들면 열 배의 효과를 얻을 수 있다.

How to make

재료 부직포, 골판지, 병, 펀치, 리본, 구슬, 철사, 핑킹가위, 가위, 양면테이프, 태그

① 부직포 위에 병을 올려 놓는다.

② 부직포를 마름모꼴로 놓고 들어 올려 부직포의 모서리가 병끝 10cm 정도 오도록 한다.

③ 병목을 잡고 부직포에 주름을 한 줄 한 줄 오른쪽으로 잡아준다.

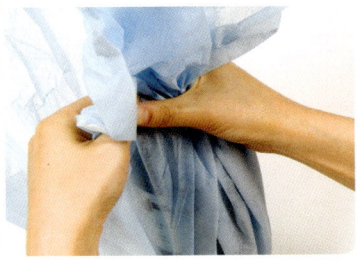

④ 병 가운데를 중심으로 오른쪽을 먼저 접고 왼쪽을 접는다.

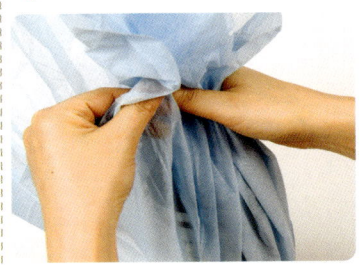

⑤ 주름이 가운데로 모아지게 잡아준다.(병 뒤쪽도 똑같이 해준다.)

⑥ 윗부분을 손으로 모아준다.

⑦ 병목 아래로 부직포를 모두 모아 넣어준다.

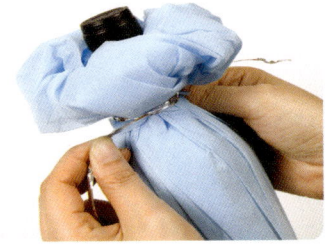

⑧ 병목 부분을 철사로 묶어 고정시킨다.

- 부직포로 주름을 접을 때 두 손으로 병을 감싸듯 양쪽에서 접어 자연스럽게 묶어 주기도 한다.
- 밋밋한 부직포에 골판지로 포인트를 주면 훨씬 세련된 병 포장의 멋을 살릴 수 있다.

나비 보 & 부직포
Butterfly bow & non-woven fabric

가죽끈 : 40cm, **골판지** : 세로-9cm, 가로-병 둘레
리본 종류 : 땡땡이 골직 리본, **폭** : 3cm, **길이** : 40m

01 리본을 병목에 둘러 고정한다.

02 병목에서 병길이의 중심에 붙여준다. 뒤쪽까지 둘러 고정한다.

03 골판지를 세로 9cm, 가로 병둘레 만큼 재단한다.

04 양면테이프로 골판지를 고정시킨 후 병에 둘러준다.

05 가죽끈으로 병을 두 바퀴 정도 감아준다.

06 가죽끈을 묶어준다.

07 리본을 예쁘게 만들어준다.

나비 넥타이
Butterfly necktie

리본 종류 : 땡땡이 골직 리본, **폭** : 3cm, **길이** : 12m

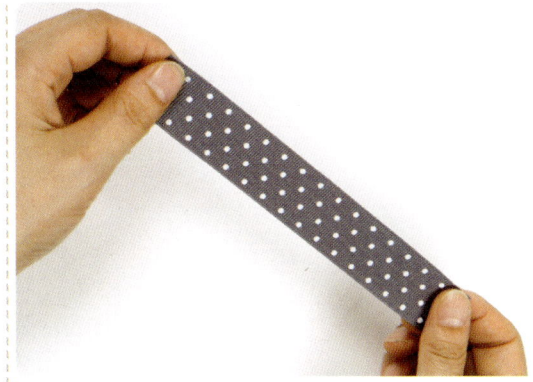

01 12cm 땡땡이 리본을 준비한다.

02 한쪽 끝에 양면테이프를 붙인다.

03 리본을 동그랗게 만든다.

04 가운데 부분을 눌러 주름을 잡아 준다.

05 가운데 주름이 풀리지 않도록 철사로 묶는다.

06 철사가 보이지 않도록 가운데 구슬을 붙여준다.

07 병목에 붙여 고정시켜 준다.

태그
Tag

재료 : 스타드림지(5×8cm), 스켈톤잎, 가죽끈, 구슬, 철사, 펀치, 핑킹가위

01 스타드림지의 옆 테두리를 핑킹가위로 잘라준다.

02 펀치로 구멍을 뚫어준다.

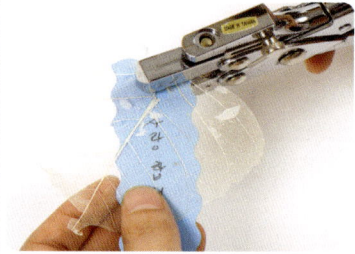

03 준비한 스켈톤잎을 펀치로 구멍을 뚫어준다.

04 구슬을 연결해 준다.

05 가죽끈으로 묶어준다.

06 적당한 길이로 묶어준다.

07 병목에 태그를 달아 완성한다.

형태 없는 포장

PART six

상자 안에 담을 수 없거나 있는 그대로 표현하고 싶은 선물이 있을 때 어떻게 해야 하나 고민한 적이 있을 것이다. 나만의 개성을 살려 쉽게 주변에서 구할 수 있는 포장지를 이용해서 좀더 특별하게 포장해 보자.

다이어리 포장

연말연시가 되면 지인이나 친구, 애인에게 선물을 주게 되는데 가장 많이 주고 받는 것이 다이어리 선물이다.
새로운 해를 맞이하여 작고 소박하지만 조금 특별한 다이어리를 선물하는 것도 받는 이에게 감동이 아닐까 싶다.

How to make

재료 포장지, 다이어리, 리본, 가위, 칼, 양면테이프, 타공지

01 포장지 위에 다이어리를 올려 놓는다.

02 접히는 부분에 적당한 폭의 띠를 대준다.(겹치는 부분에 각이 지지 않도록 띠를 대준다.)

03 다이어리 둘레×2, 책길이+위·아래 각각 5cm씩 접는다.

04 다른 한쪽도 접어준다.

05 둘레 끝부분에 양면테이프를 붙인다.

06 다이어리를 가운데 놓고 위치를 맞춘다.

07 한쪽 표지에 맞춰 접은 후 붙여준다. 다른 한쪽도 붙인다.

08 타공지를 폭 10cm, 길이는 다이어리 둘레+5cm로 재단한다.

09 재단한 타공지를 준비한다.

10 타공지에 양면테이프를 붙여 다이어리 중간쯤에 고정한다.

11 한 바퀴 돌려서 붙여준다.

나비 보
Butterfly bow

리본 종류 : 스티치 골지 리본, **폭** : 0.5cm, **길이** : 1m

01 리본을 10cm 정도 남기고 한 바퀴 돌려준다. (타공지 두른 부분의 이음새를 가려준다.)

02 짧은 쪽으로 고리를 만들어 긴 쪽을 한번 감는다.

03 나비 보를 만들어준다.

04 타공지 하단 부분에도 리본을 한 바퀴 돌려준다.

05 나비 보를 만든다.

06 보를 보기 좋게 만져준다.

07 완성된 모습이다.

책 포장

책을 선물로 받으면 왠지 기분이 좋다.
책을 선물할 때 있는 그대로 전달하는 것보다 좀더
정성스럽게 포장을 해 보면 어떨까?
타공지를 이용해서 책을 멋스럽게 포장해 보자.

How to make

재료 타공지, 책, 리본, 양면테이프, 칼, 가위, 펀치, 가죽끈

01 타공지 위에 책을 올려놓는다.

02 포장지를 책둘레+20cm, 책길이+20cm로 재단한다.

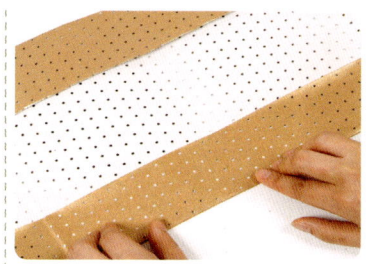

03 재단한 타공지를 책길이를 제외한 위·아래의 10cm씩을 접어준다.

04 책의 위·아래 부분을 접어놓은 모습이다.

05 책을 오른쪽에 20cm 남기고 놓는다.

06 타공지로 책을 접어준다.(남겨두었던 20cm 중 10cm를 접고 다시 10cm를 접어올린다.)

07 양면테이프를 붙여 고정시킨다.

08 리본을 책길이만큼 준비하여 이음 부분에 붙인다.

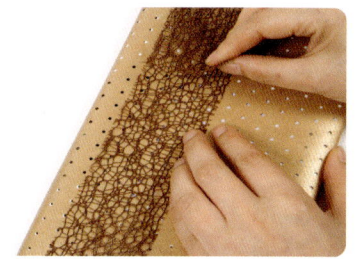

09 한 바퀴 돌려서 처음 시작했던 부분에 붙인다.

10 색이 다른 타공지를 폭 20cm, 책둘레+5cm만큼 재단한다.

11 타공지의 위, 아래를 접어준다.

12 양쪽 끝부분 5cm씩을 시접으로 접는다. 펀치로 구멍을 낸다.

13 구멍을 4개 정도 뚫어준다.

14 포장지를 책에 둘러 양쪽 구멍을 맞춰준다.

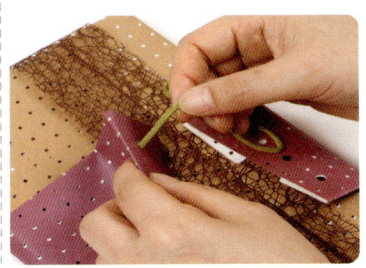

15 가죽끈을 첫째 구멍에 끼운다.

16 옆의 구멍에 끼운다.

17 X자로 서로 교차해서 끼워준다.

18 잡아당겨 단단하게 해준다.

19 다시 한쪽 구멍에 끼운다.

20 X자가 되게 해준다.

21 안쪽으로 두 개의 줄을 당긴다.

22 안에서 묶어준다.

23 매듭이 보이지 않도록 안으로 밀어 넣어 완성한다.

쇼핑백 포장

흔히 사용하는 쇼핑백을 나만의 개성을
살려 직접 만들어 보자.
집에 있는 책의 겉 케이스에 포장지를 붙여
간단하게 만들어 보자.

How to make

재료 포장지, 책케이스, 리본, 양면테이프, 투명테이프, 칼, 철사, 가위

01 포장지 위에 책케이스를 올려놓는다.

02 포장지를 상자둘레+시접(2cm), 상자높이+상자길이+상자높이의 1/2+2cm로 재단한다.

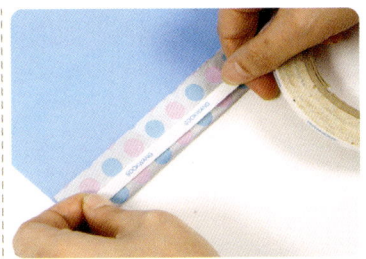

03 상자둘레 끝부분에 시접 1cm 정도를 접어 양면테이프를 붙인다.

04 포장지로 상자둘레를 감싸 붙여준다.(상자높이 부분의 시접은 잘라준다.)

05 상자 높이 4곳 모서리 부분을 접히는 곳까지 가위로 잘라준다.

06 양쪽 높이 부분을 안쪽으로 접어준다.

07 위, 아래도 접어준다. 시접 1cm를 접어 양면테이프를 붙인다.

08 되도록 반으로 접는다.

09 반으로 접어 붙인다.

10 보기 좋게 잘 만져준다.

11 뒤집어서 쇼핑백 네 면의 모퉁이를 잘라준다.

⑫ 상자 윗면의 포장지는 자른 면대로 안으로 넣어준다.

⑬ 안으로 잘 접어 밀어 넣는다.

⑭ 고루 펴서 양면테이프로 고정시킨다.

🔵 쇼핑백 바닥은 캐러멜 포장과 같다.

🔵 장식용 집게를 달아 개성을 살려준다.

11자 타이
Eleven tie

리본 종류 : 점박이 와이어 리본, **폭 :** 3.5cm, **길이 :** 1m
리본 종류 : 공단 줄 리본, **폭 :** 20cm, **길이 :** 0.5m

01 쇼핑백 안쪽에 양면테이프를 붙인다.

02 01에 리본 끝부분을 붙인다.

03 뒤로 한 바퀴 돌려준다.

04 앞으로 다시 와 고정시킨다.

05 리본을 겹쳐 고정시킨다.(이때 손잡이가 될 부분을 여유있게 두고 서로 붙여준다.)

06 손잡이 부분에 리본을 붙여준다.

07 겹친 리본을 안쪽으로 다시 붙인다.

08 리본을 다시 한 바퀴 돌려준다.　　**09** 리본을 잘라 양면테이프를 붙여 손잡이를 만들어준다.　　**10** 쇼핑백에 고정시킨다.

• 손잡이 부분을 스테이플러로 고정시키면 훨씬 튼튼하게 쓸 수 있다.

11 공단 줄 리본을 쇼핑백 상단 부분에 고정시킨다.　　**12** 한 바퀴 돌려준 뒤 처음 시작 부분에 고정시킨다.

더블 보우
Double bow

리본 종류 : 땡땡이 와이어 리본, **폭** : 3.5cm, **길이** : 30m

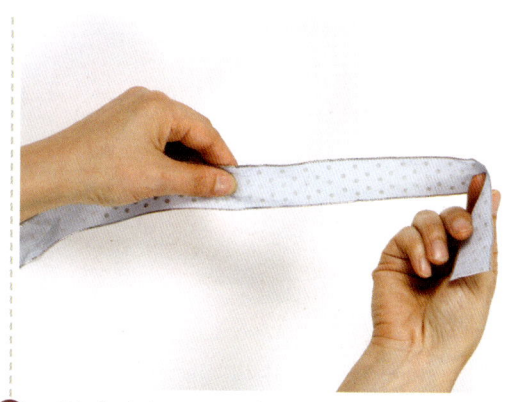

01 리본의 길이를 15cm 정도에서 잡아준다.

02 긴 쪽을 반대편 엄지손가락으로 가져온다.

03 사진과 같이 고리를 만들어 다시 엄지손가락으로 가져온다.

04 두 개의 고리가 만들어지면 고루 만져준다.

05 와이어를 중심에 꽉 묶어준다.

06 보기 좋게 고루 펴준다.

07 리본을 쇼핑백 한쪽에 달아준다.

08 장식용 집게를 달아 개성을 살려준다.

- 리본의 양 옆선이 철사로 되어 있는 와이어 리본은 접기가 편리하다.
- 쇼핑백의 중앙에 리본을 붙이기보다 한쪽에 붙여주면 비대칭적이며 더 세련되어 보인다.

포장에 필요한 재료 & 도구

PART seven

포장의 완성도를 높이는 타이 묶는 법과 리본 만들기

● 타이의 종류

일자 타이

일자 크로스 타이

제트 타이

다이아몬드 타이

십자 더블 크로스 타이

육각 크로스 타이

● 보(리본)의 종류

싱글 보

더블 보

트리 보

포 보

스타 보

레이디에이팅 보

폰폰 보

엘레강스 보

코사지 보

포장할 때 쓰이는 부자재 및 도구들

포장지의 디자인이 복잡할 경우 리본으로 포인트를 줄 수 있으며, 포장의 완성도를 나타낼 때 리본의 역할이 매우 중요하다.
선물 포장에 필요한 리본들은 종류가 다양하지만 일반적으로 많이 쓰이는 몇 가지만 가지고도 충분히 포장의 완성도를 높일 수 있다. 흔히 쓰이는 리본에는 공단 리본, 스티치 리본, 골직 리본, 오간디 리본 등이 있다.

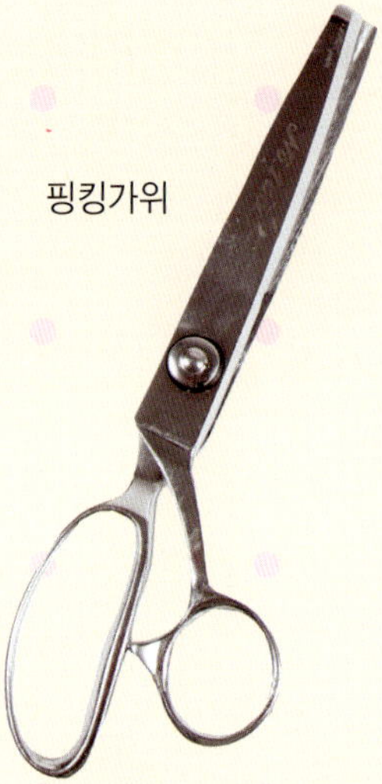

다양한 리본들

핑킹가위
포장지나 리본에 모양을 낼 때 쓰여진다.

가위
일반 포장지나 리본을 자를 때 쓰여진다.

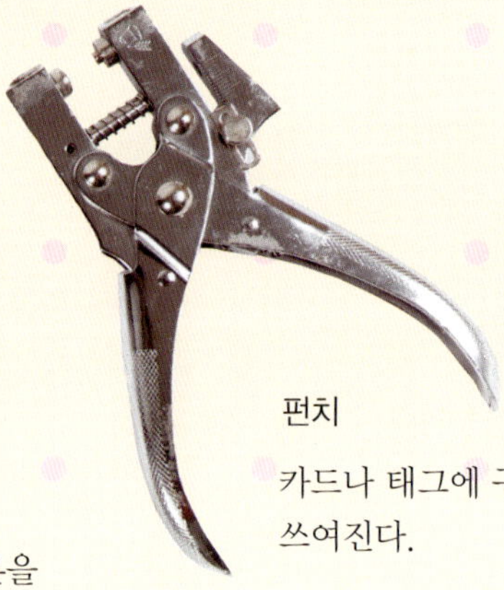

펀치
카드나 태그에 구멍을 뚫을 때 쓰여진다.

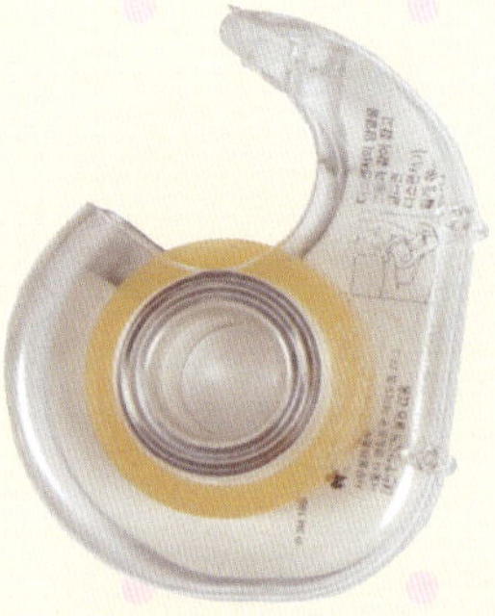

투명테이프
포장할 때 고정시키는 역할을 한다.

양면테이프

상자를 포장지로 포장할 때 이음새 부분이 나타나지 않도록 붙여주는 역할을 한다.

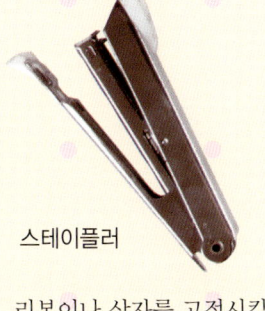

스테이플러

리본이나 상자를 고정시킬 때 사용한다.

알파벳 스탬프

카드에 숫자나 알파벳을 나타내고 싶을 때 사용한다.

풀

양면테이프를 붙일 수 없을 때 붙여주는 문구용 풀이다.

잉크

스탬프를 찍을 때 묻히는 잉크이다.

꽃그림 스탬프

지루하기 쉬운 포장지에 꽃 그림을 잉크에 묻혀 찍어주기도 한다.

포장지의 종류

- **부직포** : 얇고 부드럽지만 질기고 습기에 강하다. 꽃 포장에 많이 쓰이며, 굴곡이 있는 상품을 포장할 때 적합하다.
- **직녀지** : 재생지를 70% 함유하고 고전적인 감촉의 환경 보존 용지이다. 삼베 문양으로, 소박하면서 고급스러운 느낌을 준다.
- **꽃지** : 잔잔한 꽃무늬가 종이 가득 프린팅되어 있다. 자그마한 상자 포장에 사용하면 아기자기한 멋을 느낄 수 있다.
- **타공지** : 일정한 간격으로 구멍이 뚫린 포장지이다. 안쪽에 단색 포장지를 겹쳐 사용하면 패턴 자체로 투톤 효과를 얻을 수 있다.
- **엠보싱지 (바둑지)** : 바둑판 모양으로 엠보싱으로 처리한 포장지이다. 다소 두꺼우므로 부피감 있는 선물을 포장하기에 좋다.
- **한지** : 닥나무 껍질로 만든 전통 종이를 말한다. 종류가 다양하며 어른께 드리는 선물이나 명절 선물, 예단 포장에 많이 쓰인다.
- **구름지** : 표면이 구름 모양과 같아 붙여진 이름이다. 포장지가 두꺼워 주름 등의 디테일을 잡기는 힘들지만 구김이 잘 가지 않고 찢어지지 않아 무거운 선물 포장에 적합하다.
- **크라프트지** : 견고한 자연 갈색의 종이로, 종이 봉투나 소포 포장에 주고 쓰인다. 골든 크라프트지와 듀오 크라프트지가 있다.
- **카멜레온지** : 빛의 각도에 따라 색상이 달라져 투톤의 묘미를 느낄 수 있는 포장지이다. 세련된 분위기로 연출할 수 있다.

- **레자크지** : 광택이 없는 포장지로, 한쪽 면이 엠보싱 처리된 종이를 말한다. 뒷면은 약한 베이지 색상을 띠며, 가격이 저렴하여 선물 포장에 많이 사용된다.
- **화지(습자지)** : 구두 포장 상자 안에 들어 있는 종이를 생각하면 된다. 앞면은 약간 거친 질감, 뒷면은 부드러운 질감으로 차이가 있으며 문양도 다양하다.
- **구김지** : 손으로 구긴 것 같은 모양이다. 화지의 일종이며, 두께가 얇은 것과 두꺼운 것이 있다. 주로 단색이 많아 리본을 매치하기가 수월하므로 초보자도 쉽게 포장할 수 있다는 장점이 있다.
- **가죽 무늬지** : 두꺼운 재질의 가죽 무늬 종이로, 물에 젖어도 잘 찢어지지 않는 견고함이 특징이다.
- **아트지** : 뒷면이 희고 두께가 얇아 사용하기 조금 까다롭지만, 종류와 무늬가 워낙 다양해 활용도가 높다.
- **주름지** : 종이 전체에 잔주름이 잡혀 있어 신축성이 좋다. 종이꽃을 만들거나 와인 포장을 할 때 많이 쓰인다.
- **스타드림지** : 하늘에 떠 있는 별이 연상된다고 하여 붙여진 이름이다. 펄과 메탈 계열의 포장지로, 환상적인 분위기를 연출한다.

포장 기법의 종류

■ 위빙(weaving) 기법

리본이나 포장지를 이용하여 어슷하게 모양을 만들어 베처럼 짜서 만드는 기법이다. 종이의 넓이를 측정해 나눈 다음 자르거나 찢은 종이를 이용하는 기법인데 무지나 색이 있는 종이, 형태가 있는 종이로 사용 가능하다.

■ 커팅(cutting) 기법

손으로 종이를 찢어가며 모양을 만들어내는 기법으로 자연스럽고 기대하지 않은 새로운 형태를 얻을 수 있는 기법이다. 종이의 결을 따라 찢으면 규칙적인 선을 만들 수 있고 종이의 뒷면을 찢으면 자유롭고 너덜너덜한 효과를 얻을 수 있다. 찢는 형태의 자연스러움을 이용할 때는 테어링(tearing) 기법을 사용한다.

■ 스탬핑(stamping) 기법

여러 형태의 도장을 원하는 물감과 잉크에 찍어 사용하는 기법으로 단색의 얇고 부드러운 종이를 사용하도록 한다. 파는 도장들도 있지만 감자나 고구마 등에 원하는 도안으로 문양을 그리고 도려낸 다음 사용하면 훨씬 다양한 효과를 낼 수 있다. 되도록 단순한 문양으로 여러 재질의 종이를 곁들여 디자인하면 더욱 돋보인다.

■ 드라이 브러시 터칭(dry brush touching) 기법

붓에 물감을 묻혀 포장지에 원하는 모양을 직접 그리는 기법이다. 연한 색의 포장지엔 짙은 물감을, 짙은 색의 포장지엔 연한 색의 물감을 이용하면 어디에서도 볼 수 없는 나만의 포장지를 만들 수 있다.

쉽게 잘 마르는 재질의 적당한 두께의 포장지를 선택해야 물감이 빨리 마를 수 있다. 종이의 두께와 결에 따라 색상과 물감의 농도가 달라질 수 있으며, 여러 색을 혼합하여 사용하면 더욱 고급스러운 느낌을 만들 수 있다.

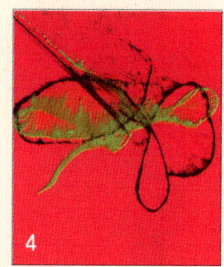

1. 위빙 기법
2. 커팅 기법
3. 스탬핑 기법
4. 드라이 브러시 터칭 기법
5. 길드 기법
6. 피어싱 기법
7. 톤 기법

■ 길드(gild) 기법

금, 은가루를 뿌려 모양을 내는 기법으로, 가루를 어떻게 붙이느냐가 가장 중요한 문제이다. 풀을 사용하는 기법이므로 지저분하지 않도록 깔끔하면서 접착력이 좋은 풀을 사용해야 하며 본의 모양대로 사용할 수 있도록 정확하게 붙여야 한다.

■ 피어싱(piercing) 기법

종이에 바늘을 이용하여 구멍을 만들어 종이의 질감 변화로 극적인 효과를 낼 수 있는 기법이다. 바늘, 코사지, 진주 핀, 돗바늘, 펀치, 양재용 룰렛 등을 사용할 수 있는데 인조 가죽에 구멍 펀치를 이용하거나 돗바늘을 가장자리에 이용하면 특별한 효과를 얻을 수 있다.

신비스러운 분위기를 연출하고자 할 때 가장 적당한 기법이다. 포장지의 느낌을 그대로 살릴 수 있는 것으로 심플하고 깔끔한 분위기를 낸다. 웨딩 선물이나 사랑하는 이에게 선물할 때 좋은 기법으로 리본이나 액세서리도 가급적 깔끔하게 장식하도록 한다.

■ 톤(torn) 기법

손으로 종이를 찢어서 모양을 만드는 기법으로 자연스러운 효과를 얻을 수 있다. 아이들과 함께할 때 재미있는 포장법이다.

선물의 가치 높이기

선물을 전할 때도 T.P.O가 필요하다. 포장까지 완벽한 선물이라 하더라도 전달하는 시간(Time), 장소(Place), 상황(Occassion)의 3박자까지 고려하는 섬세함을 곁들여야 선물의 가치가 높아진다.

크리스마스, 연말연시, 수능시험, 첫눈, 방학, 졸업 등 특별한 날이 많은 겨울엔 화려한 원색과 고급스러운 금색, 현대적인 은색, 깨끗한 흰색을 기본색으로 정하면 실패할 확률이 적다. 원색, 금색, 은색, 흰색 포장지와 리본 등 액세서리의 색 대비를 활용해 다양한 이미지의 컬러를 찾아보자.

*고급스런 포장법으로 마음을 전하려면
- 금색, 은색, 흰색 포장지를 밤색 등의 중간색과 매치하면 차분한 느낌을 준다.
- 금색, 은색, 흰색 포장지에 모노톤 액세서리를 곁들이면 세련된 느낌을 준다.
- 금색, 은색, 흰색 포장지를 짙은 포도주색이나 감색 같은 딥 컬러와 매치시키면 클래식한 멋이 난다.

  Tip 지끈이나 지푸라기를 여러 겹으로 묶으면 자연스러운 멋이 난다.

*크리스마스 & 파티를 위한 선물 포장
- 원색＋원색으로 화려한 색의 이미지를 살린다.

재미로 보는 선물의 의미

- 거울 – 내 마음을 알아주세요
- 액자 – 나를 생각하세요
- 구두 – 이젠 가세요
- 앨범 – 우리의 추억을 영원히
- 껌 – 오래 사귀고 싶어요
- 양초 – 이루어질 수 없는 사랑
- 꽃 – 사랑해요, 감사드려요
- 열쇠고리 – 행운을 드릴게요
- 나무인형 – 당신의 마음을 알고 싶어요
- 옷 – 당신을 꾸며주고 싶어요
- 넥타이 핀 – 당신을 소유하고 싶어요
- 우산 – 당신을 보호할게요
- 노트 – 순수한 사랑을 보여줘요
- 인형 – 나를 안아 주세요
- 담배 – 당신이 싫어요
- 일기장 – 나의 꿈을 간직해 주세요
- 라이터 – 당신은 나의 첫사랑
- 잠옷 – 나의 모든 것을 당신에게
- 레코드 – 즐거움을 함께하고 싶어요
- 장갑 – 좀 더 솔직히 대해 주세요
- 마스코트 – 친구가 되고 싶어요
- 전화카드 – 언제나 너의 목소리가 듣고 싶어
- 만년필 – 성공을 빌어요
- 종이학(단색) – 영원히 당신을 사랑해요
- 머리핀 – 내 모든 것을 당신에게
- 지우개 – 이젠 절 잊어 주세요
- 멜로디 상자 – 당신과 결혼하고 싶어요
- 책 – 모든 것을 알고 싶어요
- 모자 – 나를 감싸 주세요
- 양초 – 영원한 사랑
- 목걸이 – 하나가 되고 싶어요
- 초콜릿 – 사랑해요
- 목도리 – 당신은 제 마음속에 있어요
- 코팅 – 정성과 마음을 모아서
- 반지 – 넌 내 거야
- 쿠션 – 당신은 나의 이상형입니다
- 빗 – 깨끗한 당신이 좋아요
- 팔찌 – 100일간의 사랑
- 사탕 – 당신을 좋아해요
- 펜 – 할 말이 없군요
- 손수건 – 이별이래
- 편지 – 끝없는 사랑
- 스카프 – 영원히 사랑해요
- 필통 – 서로가 혼란스러울 때
- 시계 – 만남을 소중히 하세요
- 향수 – 언제나 나를 기억해 줘
- 시집 – 지금도 당신을 사랑해요
- 허리띠 – 당신을 영원히 내 곁에
- 거꾸로 붙인 우표 – 당신을 사랑합니다
- 화장품 – 당신은 아름다운 천사

선물 포장 첫걸음

2012년 1월 25일 인쇄
2012년 1월 30일 발행

저자 : 김혜정
펴낸이 : 남상호

펴낸곳 : 도서출판 **예신**
www.yesin.co.kr

140-896 서울시 용산구 효창원로 64길 6
전화 : 704-4233, 팩스 : 335-1986
등록번호 : 제03-01365호(2002. 4. 18)

값 15,000원

ISBN : 978-89-5649-095-3

*이 책에 실린 글이나 사진은 문서에 의한 출판사의
동의 없이 무단 전재·복제를 금합니다.